融资实战

融资规划+股权体系+实操技巧

艾欧 王刚 著

中国铁道出版社有限公司
CHINA RAILWAY PUBLISHING HOUSE CO., LTD.

图书在版编目（CIP）数据

融资实战：融资规划＋股权体系＋实操技巧 / 艾欧，王刚
著 . 一北京：中国铁道出版社有限公司，2023.12
ISBN 978-7-113-30526-0

Ⅰ.①融… Ⅱ.①艾… ②王… Ⅲ.①企业融资 - 研究 -
中国 Ⅳ.① F279.23

中国国家版本馆 CIP 数据核字（2023）第 162525 号

书　　名：融资实战：融资规划+股权体系+实操技巧
　　　　　RONGZI SHIZHAN：RONGZI GUIHUA+GUQUAN TIXI+SHICAO JIQIAO
作　　者：艾 欧　王 刚

责任编辑：马慧君　　编辑部电话：（010）51873005　　投稿邮箱：jingzhizhi@126.com
编辑助理：荆然子
封面设计：宿　萌
责任校对：安海燕
责任印制：赵星辰

出版发行：中国铁道出版社有限公司（100054，北京市西城区右安门西街8号）
网　　址：http://www.tdpress.com
印　　刷：河北宝昌佳彩印刷有限公司
版　　次：2023年12月第1版　　2023年12月第1次印刷
开　　本：710 mm×1 000 mm　1/16　印张：12.75　字数：183千
书　　号：ISBN 978-7-113-30526-0
定　　价：68.00元

版权所有　侵权必究

凡购买铁道版图书，如有印制质量问题，请与本社读者服务部联系调换。电话：（010）51873174
打击盗版举报电话：（010）63549461

前　言

公司想要获得快速发展，就离不开融资。融资的核心理念是创业者尽可能地将分散在各处的资金汇集成一股"洪流"，并通过严谨的规划、细致的运作和恰到好处的使用，满足扩张与转型需求。在资金流动的过程中，创业者获得公司发展所需的资金，公司的股权架构发生变化，利益得以重新分配，而公司的财富总值也将有所增加。

很多创业者把融资看作一种短期行为或"一锤子买卖"，希望在短时间内完成融资。如果创业者持有这种想法，那么融资失败的可能性极大。

融资是一个既复杂、困难，又漫长且充满挑战的过程。很多创业者没有足够丰富的融资经验，在融资过程中畏首畏尾，导致错过了很多优质投资者，甚至有的创业者稀里糊涂地与投资者签下"霸王条款"，使得自己和公司遭受巨大损失。

例如，一些怀揣创业梦想的人，招兵买马建立团队时还意气风发，忙得不亦乐乎，但最终被扫地出门，不得不离开倾注了大量心血的公司。究其原因，很可能是他们为了解决资金短缺问题，和投资者签订了"不平等条约"。

如果创业者可以学习更多关于融资的知识，掌握实用的融资方法和技巧，那么融资之路就会顺畅很多。融资是需要智慧的，是有规律的，只要创业者充分发挥智慧，掌握其中的规律，融资就简单许多。

本书的宗旨就是帮助创业者增长融资智慧、梳理规律。本书涵盖了战略部署、BP（Business Plan，商业计划书）编制、估值增长、股权设计、控制权维护、融资造势、TS 与协议签署、再融资方案等诸多有价值的内容，并加入了小米、京东等经典案例，通过对这些案例进行详细分析与解读，帮助读者进一步加深对融资的认知。

另外，与同类书籍相比，本书具有以下优势：

（1）很多创业者都希望在组织内部建立完善的融资战略体系，本书的主题恰好与之相匹配，可以很好地满足这类读者的需求。

（2）条理清晰，无论是章节规划还是内容编排，都有很强的逻辑性。

（3）书中加入了动态股权模式、融资造势、再融资等内容，有利于帮助读者快速提升融资能力，掌握融资实操技巧。

（4）作者致力于在把握整体的基础上，有步骤、有重点地向读者传授有用的方法和技巧，具有很强的可读性和可操作性，不会让读者感到枯燥、乏味。

作者对自己多年积累的理论储备和融资经验进行了整理和总结，将其中的精华提炼出来，浓缩成这本书，奉献给想要了解融资相关知识的读者。在文字方面，本书力求诙谐幽默、浅显易懂，希望读者可以在轻松、愉快的氛围中学习到真正实用的方法和技巧，尽快掌握融资的真谛。对于有融资需求的读者来说，这是一本具有指导作用的实战秘籍。

作者在融资领域潜心钻研多年，若书中有可补实之处，恳请读者朋友们予以指正。

作　者

2023 年 6 月

目　　录

上篇　分析融资规划关键点

第一章

顶层设计：宏观分析融资之路

第二章

战略部署：打造高价值融资组合

第六章

最优架构搭建：用杠杆撬动融资

第七章

控制权维护：千万别把控制权弄丢

第八章

风险规避：不要让股权成为隐患

下篇　讲透融资实操技巧

第九章

融资造势：将公司和项目推广出去

第十章

投资者管理：合作伙伴贵精不贵多

第十一章

TS 与协议签署：守好融资法律防线

第十二章

再融资方案：融资可持续才是王道

上篇

分析融资规划关键点

1

|第一章|

顶层设计：宏观分析融资之路

　　资金来源是否稳定，以及能否按时、足额地筹集到发展所需资金，对于每家公司来说都是至关重要的。很多公司，尤其是中小型公司，面临着非常严峻的融资困境。为了摆脱困境，创业者必须掌握一些实用的融资方法和技巧，包括对行业、市场、未来增长趋势等进行宏观分析，从大局入手开启融资之路。

第一节　了解公司所处行业和市场

　　行业和市场对公司发展具有导向作用，可以为创业者制定融资战略提供切实可行的依据。创业者应该深入了解公司所处行业和市场的真实情况，否则，就很难洞悉其中的发展要素、盈利机会，也就无法掌握融资关键点。

一、什么在推动行业不断发展

　　一些投资者对于想要投资项目所处的行业未必了解，因此，为了作出更精准的投资决策，投资者通常会提前了解行业，对行业的发展情况进行分析，明确投资是否可行。而创业者要想赢得投资者的心，也应该与投资者同步，明确究竟是什么在推动行业发展。

　　综合来看，以下几点要素会对行业发展产生推动作用。

1. 行业架构

　　行业架构可以分为两大类：一类是悬殊型，即行业中的公司实力相差悬殊，例如巨头公司占据优势地位，中小型公司只能艰难生存；还有一类是均衡型，即行业中的公司势均力敌，都可以在市场中分得一杯羹。

　　在分析行业架构时，创业者一定要分析巨头公司的经营情况，包括经营战略、产品特色、技术水平、竞争力、市场占有率等，因为这些巨头公司会对行业发展起主导作用。然后创业者可以将自己公司的经营情况与巨头公司对比，找到自己公司在行业中的优势，并将其展示给投资者，以提升投资者对公司的好感和认可度。

2. 行业规模

创业者要考虑行业规模。通常规模越大的行业，发展空间越广阔，投资者投资的概率越大。如果行业规模很小，发展空间局限于某些城市，那么投资者投资的概率就很小。

创业者可以通过用户群体分析行业规模。服务大众的行业，规模通常比较大；服务某一类用户群体的行业，规模通常比较小。另外，创业者还需要考虑产品的销售情况是否受到地域影响、行业中巨头公司的产值多少等问题。

在对行业规模进行判断时，最复杂的一点在于，创业者很难预测行业未来发展情况，因为每个行业都是动态变化、持续发展的，所以创业者更多的是从趋势和方向上进行判断，而不能进行准确的静态预测。例如，智能手机行业的规模已经增长了很多倍。未来，下一代物联网行业的规模可能是智能手机行业规模的十倍甚至百倍，但最终物联网行业的规模有多大，现在谁也不能妄下定论。

3. 行业供求情况

行业供求情况通常可以分为三类：供不应求、供求平衡、供大于求。如果某行业出现供大于求的现象，那么竞争比较激烈，会导致产品价格下跌、销售费用增加等问题，有些公司还可能发生亏损。如果某行业供小于求，那么创业者可以为自己的产品找到合适的市场，产品价格也相对稳定，但往往会有新公司不断涌入该行业。如果某行业供求平衡，那么行业的发展相对稳定，处于该行业的公司比较受投资者欢迎。

4. 行业污染情况

有些行业可能会对空气、森林、水源、地貌等自然环境造成污染，这些行业的发展通常会受到很大限制。投资者不太愿意投资这些行业。

以上介绍的几点要素是相互联系的，如果其中一个要素出现变化，就很可能引起其他要素变化。创业者必须抓住关键要素，以便及时、恰当地对经营战略进行调整和优化。

二、市场上有没有盈利的机会

市场上是否有盈利机会是投资者判断一个项目是否值得投资的重要前提，因此，识别并抓住盈利机会是创业者首先要做的事。市场形势迅速变化，盈利机会转瞬即逝，创业者要及时捕捉盈利机会，具体可以从以下几个方面出发：

（1）创业者可以从自己熟悉的业务入手，分析市场上是否有盈利机会。很多计划创业的人都会通过分析现有业务的发展情况，创造新业务甚至新商业模式，以挖掘更多盈利机会。

（2）重新给自己的业务分类，在分类过程中发现新的盈利机会。

（3）当用户的关注点从一类产品转移到另一类产品时，后者能产生盈利机会。创业者可以判断自己的产品是否符合用户的期望和需求，并以此为基础识别市场上的盈利机会。

（4）市场增长趋势将带来盈利机会。如果创业者发现越来越多人对某个市场感兴趣，那么这个市场就会呈现增长趋势。创业者可以利用这种增长趋势开发产品或服务。

（5）市场空隙处隐藏着盈利机会。当现有产品和服务无法满足消费者的需求，或者消费者的需求大于目前的供应时，就会出现市场空隙。如果创业者发现了市场空隙，并通过高质量的产品和服务填补了空隙，就更容易获得投资者的青睐。

（6）瞄准被遗弃的市场，进入其他公司没有进入或忽视的领域，是挖掘盈利机会的一个很好的方法。如果创业者找到了这样的领域并不断深耕，投资者会给予相应的关注。

（7）瞄准大市场下的细分市场。创业者在创业初期可以从细分市场入手，等公司发展到一定阶段时再扩大规模，向大市场进军，但需要注意的是，大市场必须足够大，公司只依靠其中的一个细分市场就能盈利。

（8）扩大业务覆盖范围。当公司的业务在某个地区获得比较大的成功时，创业者可以考虑扩大业务覆盖范围，挖掘更多的盈利机会，促使投资者作出正向的投资决策。

找到了市场的盈利机会后，创业者要检验盈利机会与公司的实际情况和实力是否匹配。只有公司具备与盈利机会相匹配的产品能力、技术能力、生产能力、营销能力、服务能力，才可以将盈利机会转化为真正有价值的效益，投资者也更愿意为这样的公司投资。

三、公司是否会陷入激烈竞争

创业者想让公司存活得久、发展得好，关键在于避免公司陷入非常激烈的竞争中。行业内的竞争越小，发展环境越稳定，公司的经营难度就越低，越容易生存下去。如果行业内的竞争非常激烈，那么公司很可能过一段时间就销声匿迹甚至倒闭了。

如何判断公司面临的竞争是否激烈呢？关键在于进行竞争格局分析。目前比较常见的竞争格局有四种：完全竞争、垄断竞争、寡头垄断、完全垄断。

创业者可以通过公司数量和市场集中度来判断行业处于哪种竞争格局，其中，市场集中度指的是行业内规模最大的几家公司所占的市场份额之和，用 CRN 指数表示。CR 指的是 Concentration Ratio，意为集中度；N 则代表规模最大的公司的数量。例如，CR4 代表行业内规模最大的四家公司所占的市场份额之和，此类数据可以在行业报告中查询到。

创业者还应该了解公司数量和市场集中度与竞争格局之间的关系，具体见表 1-1。

表 1-1 公司数量和市场集中度与竞争格局之间的关系

竞争格局	公司数量	CR4	CR8	竞争程度
完全竞争	很多	CR4 < 20%	CR8 < 30%	激烈
垄断竞争	较多	20% ≤ CR4 < 40%	30% ≤ CR8 < 50%	强
寡头垄断	很少	40% ≤ CR4 < 70%	50% ≤ CR8 < 85%	较弱
完全垄断	几个	CR4 ≥ 70%	CR8 ≥ 85%	弱

根据上表可以知道，公司数量越少，市场集中度越高，竞争没有那么激烈，公司容易获得超额利润，容易长期生存下去。当然，能否长期生存除了与竞争格局有关外，还与公司的核心竞争力有关。通常衡量竞争力的标准有以下三个：

（1）稀缺性。稀缺性可以体现在产品稀缺、服务稀缺、商业模式稀缺等方面，稀缺性是只有少数公司才具备的优势。如果公司具备稀缺性，就可以在竞争中占据有利地位。

（2）不可替代性。不可替代性指的是竞争对手无法用其他能力替代公司已经有的能力。例如，有些公司在为用户创造价值方面发挥着不可替代的作用，这就是其竞争力。

（3）难以模仿性。难以模仿性意味着公司的竞争力是独一无二的，竞争对手难以复制，也无法对公司产生影响。例如，有些公司生产出了其他公司无法生产的材料，这种难以模仿的能力将为公司带来超过行业平均水平的效益和回报，也会帮助公司吸引更多投资者。

投融资界流行这样一句话：最终击败创业者的，很可能是根本看不见的竞争对手。如今，市场瞬息万变，公司的增长动力在一定程度上来自竞争对手。创业者要重视竞争分析，深入了解公司的竞争情况。

第二节　分析公司目前发展情况

正所谓"知己知彼，百战不殆"，在与投资者接触前，创业者要分析自己公司目前的发展情况，包括生命周期分析、用户分析、竞争壁垒分析。

一、生命周期分析：初创+成长+成熟+衰退

一些公司在发展过程中面临融资困难、融资模式选择失误、融资方案不合理等问题。为了解决这些问题，创业者有必要对公司的生命周期进行分析，分别制定适用于初创期、成长期、成熟期、衰退期的融资战略，如图 1-1 所示。

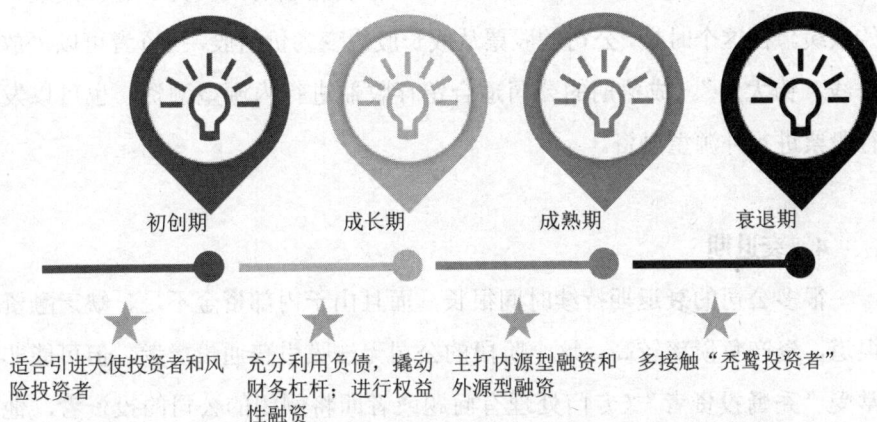

初创期　　　　成长期　　　　成熟期　　　　衰退期

| 适合引进天使投资者和风险投资者 | 充分利用负债，撬动财务杠杆；进行权益性融资 | 主打内源型融资和外源型融资 | 多接触"秃鹫投资者" |

图1-1　不同生命周期的融资战略

1. 初创期

在初创期，公司往往处于挣扎求生存的阶段，盈利情况大概率并不理想，而且管理制度也不是非常完善，核心竞争力比较弱，这个阶段风险极大，稍不留神，就可能面临创业失败的困境。在这个阶段，公司不适合引进普通投资者，反而更容易受到天使投资者和风险投资者的青睐。

2. 成长期

当公司发展到成长期时，其产品通常经过了消费者的试用，并赢得了部分消费者的认可。与此同时，同类公司之间出现了相互竞争的局面，这种局面会持续较长时间。在这段时间内，公司可以通过长期借款筹集资金，

利用负债发挥财务杠杆的作用，从而实现快速扩张。另外，公司也可以进行权益性融资。此时公司面临的风险有所降低，发展前景比较好，容易吸引一些权益性投资者。

3. 成熟期

处于成熟期的公司为了巩固自己的行业地位，会在营销上花费较高成本，盈利处于稳定或者下降的状态，但产品价格会有所提升，整体发展开始放缓。在这个时期，公司的股票从成长股蜕变为价值股，投资者可以"放长线，钓大鱼"。成熟期的公司适合留存收益进行内源型融资，也可以发行股票进行外源型融资。

4. 衰退期

很多公司的衰退期持续时间很长，而且由于内部资金不足、缺乏融资渠道，资产负债率较高，这个阶段的公司无法吸引普通投资者，但可能非常受"秃鹫投资者"（专门处理有问题或者即将倒闭的公司的投资者，他们会买卖此类公司，消化此类公司的坏账，解决破产后的种种遗留问题）的欢迎。

综上所述，创业者要想制定出真正适合公司的融资战略，就一定要对公司所处生命周期进行分析，同时深入了解公司的财务特征、发展情况、融资环境等关键问题，这样不仅可以为投资者的投资决策提供依据，还有助于进行合理的融资部署，推动公司健康发展。

二、用户分析：找到你的目标受众

亚马逊前首席财务官托马斯·司库塔曾经表示，用户至上是亚马逊为投资者创造持久价值的关键途径之一。投资者都想了解目标公司的用户体量，否则很可能误入歧途，投资了产品卖不出去、最后不得不"关门大吉"的公司。如果创业者不重视用户，或者没有很好地运营用户，那就意味着公司很可能面临找不到投资者的困境。

不同的产品有不同的目标受众，创业者需要进行用户分析，找到自己的目标受众。在具体分析时，创业者可以借助因子划分目标受众，方法如图 1-2 所示。

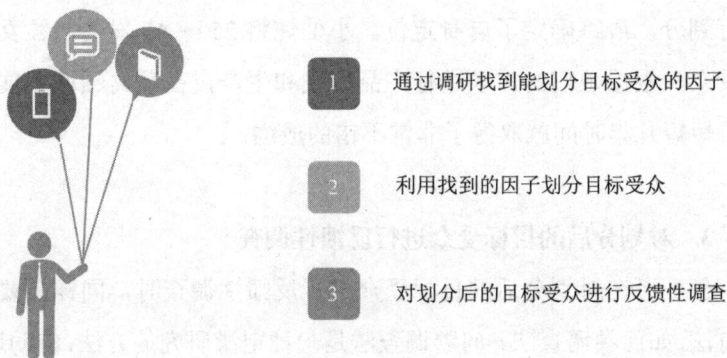

图1-2 借助因子划分目标受众的方法

1. 通过调研找到能划分目标受众的因子

创业者想要借助因子划分目标受众，首先要找到因子，即划分目标受众的标准。通常这个标准可以分为两大类：一类是基本的人口属性，如用户的年龄、性别、职业等；另一类是垂直领域属性，即用户对产品的喜好程度。根据用户自身的基本属性及对产品的态度，创业者就能将其比较清晰地划分到对应的群体，从而针对目标受众设计产品和服务。

在选择能划分目标受众的因子时，创业者要借助一定的方法。比较好的方法是调研，即通过对不同群体进行走访、谈话，了解他们对产品和服务的看法与感受。然后，创业者要对调研结果进行整理和分析，从中找出划分目标受众的依据。

2. 利用找到的因子划分目标受众

创业者通过调研找到了划分目标受众的因子后，接下来就应该利用找到的因子划分目标受众。创业者可以根据年龄、性别等基础因子，将目标受众划分为年轻女性、青年男性、老年男性等，借助这些因子划分目标受众，并对目标受众进行分析和研究，创业者可以了解其特点、爱好等，从而挖掘其对产品和服务的需求。

例如，燕窝品牌小仙炖在成立之初，以年龄和性别为因子对目标受众进行划分，最终确定了自身定位。小仙炖将 25～45 岁的白领女性作为目标受众，根据她们的需求进行产品研发和生产，在燕窝领域发展得风生水起，短短几年时间就取得了非常不错的成绩。

3. 对划分后的目标受众进行反馈性调查

创业者在对划分后的目标受众进行反馈性调查时，同样需要采取一定的方法，如问卷调查法。问卷调查法是一种定量研究的方法，借助这种方法，创业者可以验证目标受众的划分结果与产品和服务的定位是否相符。

在用户越来越重要的时代，了解用户、为用户提供贴心的产品和服务，不仅可以帮助公司牢牢地锁定目标受众，还可以提升投资者对公司的好感，降低融资难度。

三、竞争壁垒分析：打造"护城河"

对于任何行业来说，竞争壁垒都是一条必不可少的"护城河"。做好竞争壁垒分析可以让创业者对公司有一个清醒的认识，有利于公司打造竞争优势，从而顺利拿到投资。

在分析竞争壁垒时，创业者可以从以下几个方面入手：

1. 商业模式壁垒分析

当某个行业刚受到关注时，公司和竞争对手几乎是站在同一条起跑线上，此时创业者如何让自己的公司"跑"得比竞争对手更快呢？答案就是打造独特的商业模式。例如，行业内的公司都是通过产品盈利，创业者可以采取免费型商业模式，即产品免费，通过订阅费用或广告获得收益。

商业模式大致可以分为两类：一类是直接获利，如卖产品、卖服务等；另一类是间接获利，如销售广告、向第三方收取相关费用等。有些创业者会同时采用这两类商业模式，但在公司发展得足够成熟前，依靠单一的商业模式"打天下"比较稳妥。

2. 技术壁垒分析

公司发展一段时间后，可能会出现技术壁垒，这是投资者非常看重的，也是公司获得竞争力的前提。例如，华为在 5G 领域有着很强的技术壁垒，未来即使 5G 的发展遇到阻碍，其他公司想要引进华为的 5G，也必须向华为支付相应的专利费用。

又如，全球最大的光刻机公司 ASML（阿斯麦）在芯片制造领域独占鳌头，几乎所有有芯片需求的公司都想和 ASML 合作制造芯片。正是因为存在技术壁垒，所以 ASML 的产品有着很高的溢价，净利润率甚至可以达到 50% 以上。

3. 创始团队壁垒分析

不少投资者认为，如果创始团队里面有一个或几个如诸葛亮般具备非凡智慧的人，那么创始团队的综合实力非常强，由他们一手打造的公司更容易上市。如家之所以发展得那么好，一个很大的原因是如家的创始团队（沈南鹏、梁建章、季琦）比较强，他们已经成功打造过一家上市公司——携程旅行。

如果想更容易地获得融资，那么创业者可以尝试从多方面为公司打造竞争壁垒，形成"护城河"，增强公司的竞争力。如果一家公司既有商业模式壁垒和技术壁垒，创始团队的综合实力又很强大，那么它很轻易地就能获得投资者的青睐。

第三节　预测公司未来增长趋势

融资忌盲目，否则无论创业者如何努力，也很难赢得投资者的心。在融资前，创业者有必要从用户增长、知识产权、盈利能力等方面入手，预测公司未来增长趋势，并将其中对公司有利的信息整合在一起展示给投资者，给投资者吃一颗"定心丸"。

一、流量时代，用户增长情况很重要

任何公司想长久地生存下去，都需要用户的支持，尤其在流量的时代，公司能否顺利发展在很大程度上取决于用户是否稳定增长。很多创业者对用户增长存在一些误区，主要体现在以下几个方面：

（1）用户增长就是裂变（将用户增长局限在规模层面）；

（2）用户增长就是通过相应的策略获取用户（将用户增长局限在某个环节上）；

（3）用户增长就是投放广告（将用户增长局限在营销层面）；

（4）用户增长就是发挥 AARRR（Acquisition 获客、Activation 激活、Retention 留存、Revenue 收益、Referral 传播）模型的作用（将用户增长局限在方法论层面）。

创业者想更精准地了解并向投资者展示用户增长情况，除了要规避上述误区外，还应该了解用户增长的三个阶段：产品出现前的用户增长、产品生命周期内的用户增长、产品生命周期外的用户增长，其中，最重要的是产品生命周期内的用户增长。

产品生命周期内的用户增长可以分为用户外增长和用户内增长，其中，用户外增长是通过各种渠道吸引用户，宣传和推广产品，如社群裂变、信息流广告、优惠补贴、直播活动、搜索引擎优化、线下展台等；用户内增长是从产品入手，通过优化产品设计、加强用户管理，实现用户价值最大化，如用户激励体系、用户成长体系、积分登记体系、用户分类运营、用户召回与防流失等。

某电子邮箱就是用户内增长方面的经典案例。目前在全球范围内，已经有 30 多亿人注册了账户，这意味着该电子邮箱的用户量在过去几年的时间里增长了 50%（2018 年的数据是大约有 15 亿人注册了账户）。

该电子邮箱之所以如此受欢迎，可以从众多竞品中脱颖而出，实现奇迹般的增长，原因之一就在于其存储空间比其他邮箱更大，绝大部分用户基本不需要删除早期邮件或购买扩容服务。在获取收益方面，该电子邮箱通过吸引大量用户锁定流量，赚取广告收益，消除了很多投资者对其盈利能力的担忧和质疑。该电子邮箱的用户增长趋势是令人震惊的，这也是很多投资者在对其投资时的考量因素之一。

用户增长是一个完整的体系，这个体系由行业、用户、产品、竞品、渠道、技术、营销、创意等多个要素组成。为了让投资者更清楚地了解用户增长情况，创业者可以整合各部门的数据，并进行分析。创业者必须谨慎识别数据，判断用户是真正的增长还是虚假的增长。

二、知识产权为公司带来光明前景

21 世纪是知识经济时代，在这个时代，知识产权对公司的重要性越来越显著，很多公司都制定了知识产权战略，并将其视为发展战略的重要组成部分。

那么，究竟什么是知识产权呢？知识产权又称知识所属权，是通过创造性劳动获得的劳动成果，属于无形资产。作品、技术发明、外观设计、商标、地理标志、品牌标志、商业机密、电路图、IP 形象，以及法律规定的其他客体都属于知识产权。

综合来看，知识产权可以从以下几个方面为公司带来价值：

（1）帮助公司保护产品。以技术专利为例，产品有技术专利，就可以防止竞争对手的模仿和复制，这样有利于提升产品在市场中的份额和竞争力。

（2）对公司起到防御作用。有了知识产权，公司不仅可以保护自己的产品不受侵犯，还可以防止自己的产品侵犯竞品的知识产权。

（3）增加公司的无形资产。与厂房、设备、产品等有形资产相比，看不见、摸不着的无形资产往往有更大的价值。知识产权属于无形资产，其价值是不可估量的。那些技术含量高的专利、设计精美的商标、极具美感的包装，都是公司非常宝贵的财富。

（4）证明公司的创新能力。投资者常会通过了解公司的知识产权保有量判断公司的创新能力。公司可以借助知识产品获取投资者的信任，树立良好的品牌形象。

（5）产生额外效益。知识产权还可以为公司带来一些额外效益，包括许可其他公司使用知识产权的许可费用、无形的广告宣传、政府给予的资金支持等。

任何公司要研发新产品，都必须投入大量的人力、物力、财力。如果创业者不重视知识产权，没有制定完善的知识产权保护方案，那么竞争对手就可能通过模仿、复制等手段侵犯公司的知识产权。盗版、伪冒产品的研发成本很低，定价自然更低，这会使公司面临更加激烈且不正当的竞争，严重损害公司的利益。因此，创业者一定保护好自己的知识产权，确保公司拥有一个光明的未来。

三、投资者对盈利能力很感兴趣

盈利能力代表获利能力，一家无法盈利的公司，投资者不会投资。巴菲特在投资时，始终将盈利能力作为投资可行性的重要衡量标准。知名评级机构晨星的高层管理者帕特·多尔西也非常注重盈利能力，经常通过各类数据分析判断公司是否有这项能力。

那么，应该如何判断公司的盈利能力呢？创业者可以借助以下几个指标进行判断，如图1-3所示。

图1-3　判断盈利能力的指标

1. 净资产收益率

净资产收益率是一个综合性指标，代表净利润与平均所有者权益的百分比。通常该数值越大，投资产生的收益越高，投资者也就更愿意投资。

2. 销售毛利率

销售毛利率体现公司的初始盈利能力，是净利润的起点。将公司的销售毛利率与整个行业的平均销售毛利率进行比较，创业者可以了解公司在定价政策、生产成本控制等方面是否存在问题，这是非常有效，也很常用的评估盈利能力的依据之一。

3. 销售净利率

销售净利率可以体现公司的最终盈利能力，该数值越大，公司的盈利能力越强，但不同行业的销售净利率存在明显的差异，例如，高科技行业的销售净利率通常比较高，而传统制造业的销售净利率比较低，因此，创业者在分析该指标时应该结合公司所处行业的具体情况。

4. 总资产报酬率

总资产报酬率是一个综合性指标。总资产报酬率体现公司利用全部经济资源获得盈利的能力，可以反映公司的资产利用情况，该数值越高，表明公司在增收节支、节约资金等方面的工作做得越好，更容易受到投资者的青睐。

5. 资本保值增值率

资本保值增值率可以体现所有者权益的保值与增值情况，在分析该指标时，创业者要考虑以下关键点：

（1）考虑引入其他投资者导致的所有者权益增加部分。当其他投资者为公司投入资金时，所有者权益会增加，资本保值增值率也会随之提高，但当期投资者可能并没有获得增值利润。

（2）考虑通货膨胀。在通货膨胀的影响下，即使资本保值增值率大于1，投资者依然可能亏损，因此，创业者要分析通货膨胀情况，切勿盲目地将该指标展示给投资者。

具备盈利能力的公司可以进一步提升竞争力，帮助投资者获得更丰厚的回报。创业者要从多项指标入手，结合行业和公司的实际情况分析盈利能力，并以此为基础不断提升公司的盈利能力，让投资者获得更丰厚的回报。

2

|第二章|

战略部署：打造高价值融资组合

　　融资需要什么样的资本体系？哪种商业模式更容易受到投资者的认可？如何培养精英团队？这些问题直接关系公司能否融资成功。如今，资本体系、商业模式、团队已经成为融资战略中必不可少的组成部分，公司需要借助它们打造高价值融资组合，降低融资难度。

第一节　融资组合之资本体系建设

无论是面对员工还是投资者，只有公司与他们进行利益捆绑，才能建立牢固的关系，这就要求公司重视资本体系建设，努力激活各类资本，让自己有更强的盈利能力。当公司的盈利能力足够强时，融资便水到渠成。

一、定期盘点各类资本，消除财务隐患

投资者在投资时非常重视公司的资本体系，为了不让投资者失望，创业者要定期对货币资本、实物资本、无形资本等各类资本进行盘点，消除财务隐患，其中，货币资本主要包括现金、应收账款、股票、债券等；实物资本主要包括产品、原料、机械设备、办公场地等。这两种资本的回报率较低，通常占总回报率的 30%。

而剩下 70% 的回报率则由无形资本带来，如知识产权、技术专利、商标、人才、用户数据等。在这种情况下，创业者就需要将工作重心放在盘点无形资本上，这有利于公司更科学地设置财富目标，更高效地制定资本战略，从而实现可持续发展。

另外，资本的增长与公司的经营和管理方式息息相关，因此，除了实现公司经济效益最大化外，创业者还要努力实现管理效率最大化，从而实现公司价值最大化。实现公司价值最大化的方法主要有以下几种：

1. 增加公司的现金流

科学投资可以通过公司资金的高效运作，提升公司的效益，同时降低

公司的偿债负担及投资风险。除此之外，扩大产品销售渠道、提升主营业务利润率、降低产品成本费用、优化股利分配方案等都有利于增加公司的现金流，实现公司价值的最大化。

2. 优化资本架构

实现资本架构优化的实质是降低资本的加权平均成本。资本的加权平均成本就是将不同资本进行加权平均计算后获得的平均成本。发展融资租赁、变卖资产融资、进行债券筹资等方式都可以降低资本的加权平均成本，优化资本架构，实现公司价值的最大化。

3. 优化治理机制

公司的治理机制即对公司的经营情况进行监督与管理的机制，广义上包括公司的组织模式、财务机制、激励机制、代理机制等。优化公司的治理机制要求公司聘用专业人才，建立科学的公司制度，定期对公司的管理人员进行业绩考核。优化公司的治理机制可以完善公司的经营模式，提高公司的运作效率，间接实现公司价值的最大化。

二、让资金流动起来，推动财富增长

正所谓"流水不腐，户枢不蠹"，流动能带来旺盛的活力，资金也是如此。可以随时支配的资金拥有更大的价值。资金的价值很多时候是通过流动过程赋予的，资金的流动次数越多，意味着借助资金达成的交易越多，通过交易创造的财富也越多。当资金可以创造更多财富时，其自然就会变得更有价值了。下面通过一则故事来讲述资金流动的重要性。

一位富翁十分珍爱自己的财富，他将一大袋黄金埋在石头下，每隔几天都会来看一看、摸一摸他心爱的黄金。但有一天，一个小偷尾随富翁来到石头处，在富翁离开后就把这袋黄金偷走了。富翁发觉自己的黄金被人偷了，伤心欲绝。

这时正巧一位长者途经此地，在了解事情缘由后，他告诉富翁可以找回黄金。而后，这位长者拿起金色油漆，将石头涂上颜色，在上面写"一千两黄金"的字样。写完后，长者告诉富翁，从今天起，你可以来这里看你的黄金，而且不用担心黄金被其他人偷走了。

故事中的长者一语道破资金流动的本质：如果不对黄金加以利用，那黄金与石头并无区别。在公司的经营过程中也是如此，固定资产的价值回收较慢、维护费用较高，导致公司收益直线下降。在遇到金融危机时，固定资产也更容易出现大幅减值。

资金只有在流动中才能产生价值，这里的流动其实就是指交易、投资等经济活动。让公司的资金流动起来，实际上就是将资金用于价值更高的经济活动中，让资金产生更大的价值。

三、不要忽视节流的重要性

节流即控制成本，这是公司实现效益最大化的方法之一。如果创业者不控制成本，对所有支出一直放任不管，那么很有可能会损害公司的整体利益，因此，创业者应该对成本进行严格控制。

1. 从供应商入手削减成本

作为供应链中的重要一环，供应商关乎公司命脉，决定公司的盈利情况。然而，许多公司的供应链管理存在漏洞，由此造成了巨大的成本浪费。优质的供货渠道不仅可以降低公司的整体成本，还可以有效提升公司的竞争力，是公司拓展市场、提高销量的有效措施。创业者可以从以下三方面入手进行供应商管理，进一步节约成本。

（1）多方比价。如果采购人员不了解产品的成本结构，也就无法判断价格是否合理。在选择供应商时，首先，采购人员要设定正式报价的支出限额；其次，要向多家供应商发出报价请求；最后，要将供应商提供的价格与历史价格及支出限额进行比较。多方比价能够保证公司获得最优惠的采购价格，节约大量成本。

（2）对供应商进行考察。在签署采购合同前，创业者需要对供应商进行信誉考核，再从合格的供应商中进行挑选。供应商的考核可以从三个方面进行：一是供应商的规模是否可以保证产品的生产进度；二是供应商是否有相应的资质证书和生产经营许可证；三是供应商的履约能力，以及技术、质量是否过硬，是否提供售后服务等。

（3）采购合并。在采购过程中，创业者可以将同类物品的采购进行合并，从而进行更大规模的采购，这种采购形式对采购人员的谈判与整合分析能力要求更高，但是能有效降低成本。

2. 严格控制日常开销

要想最大化地压缩成本，最重要的就是严格控制日常开销，主要方法有以下几个：

（1）选择房租低的办公场所。公司选择办公场所应遵循价格便宜和交通发达两个标准。如果公司员工不需要接待客户，那么在家办公也是一个能最大限度压缩成本的方法。

（2）尽可能使用二手办公设备。公司经营初期，难免需要置办办公设备和日常用品，这是一笔不小的花销。在不影响工作效率的前提下，创业者可以通过租赁或采购二手设备的方式节省成本。

（3）减少公司开支。公司开支主要包括人力开支和行政开支。在创业初期，创业者可以通过聘用兼职或者实习生的方式减少人力开支。同时，公司可以鼓励员工绿色出行、鼓励员工节约水电，以节省行政开支。

（4）营销费用花在"刀刃"上。通过微信、微博、小红书等平台进行高性价比的网络营销是很有效的营销方式，而且费用通常不会很高，推广效果十分显著。

控制日常开销是为了获得更多盈利，这需要创业者了解哪些部分可以缩减开销、哪些部分需要增加开销、哪些开销可以直接省去。只有将每一笔资金都用到实处，才能最大限度地压缩成本，实现公司盈利最大化。

第二节　融资组合之商业模式优化

商业模式是可以展示利益相关者之间交易的一种架构。在融资界，好的商业模式能够实现共赢，即包括创业者、投资者在内的利益相关者都可以获得回报。

一、如何正确理解商业模式

投融资界有一个共识：优秀的商业模式是公司成功的保障。很多创业者将企业愿景当作商业模式，这是不正确的。创业者可以从以下三个关键点入手正确理解商业模式。

1. 开放型商业模式更受欢迎

现在是一个追求共享与协作的时代，公司的商业模式也要跟随时代变得更加开放。开放型商业模式适用于能够与外部合作伙伴相互配合，从而让自己的资源及技术发挥更大价值的公司。在开放型商业模式下，公司和合作伙伴之间会共享创意、技术、专利等资源，允许外部组织使用公司的闲置资源，公司可以获得额外收入，投资者也可以从中获利，而且，这样可以缩短研发产品的时间，提高研发效率。

2. 成熟的商业模式应该是"聚焦"的

孟子云："人有不为也，而后可以有为。"创业者知道自己在某个阶段可以不做什么，才能将时间与精力聚焦更重要的事。如果创业者能够化繁为简，战略性地放弃那些不必要的业务，将有限的资源集中用于攻克最重要的目标，公司就能实现更高效、有序的运作。想要实现商业模式聚焦，创业者需要综合考虑公司内部的利益矛盾及外部市场环境的变化趋势。

3. 打造商业生态闭环是重中之重

成功打造商业生态闭环后，公司不仅可以适应用户需求、市场趋势、时代导向等多方面的变化，还能实现边际收益递增，这种商业生态闭环，在保持各经营单元具有高度自主性的同时，能够将其无限细化，促进员工之间的协同，最终形成动态的非线性平衡。

二、新时代催生共享型商业模式

古人云："能用众力，则无敌于天下矣；能用众智，则无畏于圣人矣。"在竞争日趋激烈的现代社会，公司要想稳定发展下去，除了要积极创新外，还要重视凝聚力和协作精神，即学会与其他公司强强联合，共同实现盈利增长。

强强联合体现之一是共享型商业模式，这种商业模式颇受投资者的青睐，如共享单／电车、共享充电宝、共享纸巾机等。共享型商业模式的特点有以下几个。

1. 挖掘闲置资源

实行共享型商业模式的前提是行业内有处于闲置状态的资源，那些可利用的闲置资源通常有三种特性，即充盈、稀缺、标准。充盈即市面上存在大量闲置或盈余的资源，便于获取。稀缺即该资源在一定时间或空间范围内是有限的，无法满足市场需求。标准即该资源具有统一标准或能快速达到统一标准。共享型商业模式能够挖掘闲置资源，推动闲置资源对接未被满足的需求，促进资源在行业内充分流动。

2. 引爆用户规模

成功构建网络平台后，创业者就需要持续吸引用户，降低平台发展的不确定性，从而引爆用户规模，实现产品的迅速推广。

如果平台以吸引供应端用户为主，那就可以通过地面推广人员积累首批用户，再通过快节奏的测试与迭代，充分利用平台既有资源，实现低成本的用户获取及留存。如果平台以吸引需求端用户为主，那就可以以口碑营销为主，辅以免费试用、沉浸式体验等策略，实现用户的快速增长。

创业者需要不断提升用户体验，通过建立社群、组织线上及线下活动等方式，与用户建立更紧密的联系，从而提升用户的依赖度与归属感，避免用户流失。

3. 维护用户信任

咨询公司普华永道曾发布过有关共享经济的调研结果，其中，80%的参与者表示，共享经济让他们的生活变得更加美好；69%的参与者表示，他们并不相信共享公司能始终如一地提供共享服务。因此，维护用户对产品的信任能帮助公司的产品在同类产品中脱颖而出。

例如，向用户展示公司的综合实力，严格把控公司产品质量，制定问题反馈与解决机制，为用户支付、安全保障等关键环节设置相应的配套措施等，都可以提升公司的品牌信誉，增强用户对公司及产品的信任。

4. 实现高效的供需匹配

共享经济实现了产品使用权和所有权的分离，即公司保留产品的所有权，将产品的使用权借给用户实现盈利。由此出现的共享型商业模式能够连接供应者和需求者，实现高效的供需匹配。

许多行业的共享型商业模式仍处于起步阶段，其发展趋势及演进路径都还有待各公司进一步探索。值得注意的是，这种模式并不是投资入口或套现手段，而是以用户体验为核心提供更优质的服务。

三、高价值商业模式有哪些特点

投资的本质是"找到一门性价比高的好生意"。什么是好生意？一个重要的衡量标准就是有一个高价值的商业模式。高价值的商业模式应该具备以下几个特点：

1. 使用门槛低

商界有一个名词是 Freemium（免费增值），即长时间为用户提供免费服务，但其中一些高级功能或虚拟货品需要付费才可以使用。例如 Zoom（多人手机云视频会议软件），其基础功能可以满足大多数用户的线上沟通需求，但当商务会议时长超过 45 分钟时，Zoom 就开始收费。

2. 用户黏性非常高，且用户的付费意愿强

例如，以抖音为代表的社交媒体通过搭建内容生态，吸引并留存了大量活跃用户，从而将这些用户转化为资源，让公司和商家通过付费甚至竞价的方式实现收益。

3. 强调体验

当今时代，很多用户愿意为体验付费。从本质上来讲，无论是工具、服务还是内容、平台，用户购买的都是一种体验，或者可以说是一种身份上的满足，因此，公司的商业模式需要强调其提供的产品或服务的体验性。

有些公司为了标新立异，试图创造一个全新的、更有价值的商业模式，这需要勇气和牺牲精神，更需要远见。以知名科技巨头雅虎为例，1994 年，杨致远和大卫·费罗建立了雅虎，被誉为"世纪网络开拓者"。但在建立雅虎的同时，杨致远还创造了一个基于互联网的商业模式，即网站盈利全部依托于广告，在用户层面完全免费。通俗来说，雅虎的商业模式就像"羊毛出在猪身上"。在雅虎出现前，用户需要花钱才可以浏览和获取各类相关信息，因此，雅虎是一个具有开创性的商业模式变革。

第三节　融资组合之精英团队打造

正所谓"终身之计，莫如树人"。当今时代，人才是重要的生产要素，优秀的精英团队俨然成为公司的核心竞争力。公司只有重视人才的力量，打造精英团队，才可以保证自己在激烈的竞争中不落下风，顺利得到投资者的青睐。

一、把控融资方向的融资团队

在融资前，创业者应该思考是否需要组建一个融资团队。通常融资团队必须具备的能力有：把控融资方向、对公司进行基本面分析、根据公司的实际情况制作商业计划书、与投资者谈判等。如果创业者及联合创始人具备这些能力，那么就可以由他们组成融资团队处理相关事宜。

如果创业者及联合创始人能力欠缺，或者没有足够的时间和精力来负责融资工作，就可以从内部培养和提拔人才。例如，创业者可以从员工中找一个有融资经验的负责人，然后和他不断磨合，使他的能力不断提升，时机成熟时提拔他为领导，让他管理融资工作。

在融资过程中，融资团队是公司的中流砥柱，公司能否顺利获得融资，与融资团队有着密切的关系。除了融资经验外，业绩、语言表达能力、个人气质、文化修养、态度、处事方式等都是挑选融资团队成员时应考虑的关键因素。

此外，融资团队的责任心也非常重要，团队成员目标必须和公司的奋斗目标一致，大家有相同的见解和想法，这样融资团队就相当于有了文化核心，在融资时能"拧成一股绳"。创业者应该经常将融资团队成员聚集在一起，召开一些重要会议，方便大家交流观点和意见，激发大家帮助公司达到融资目标的积极性，鼓励大家团结起来，共同努力。

最后需要注意的是，在建立融资团队时，创业者不能着急，因为越着急，效果可能越不好。有些公司融资失败，一个非常重要的原因就是融资团队不和。对于这样的公司，投资者通常是不会投资的，因为风险比较高。

二、在后方"作战"的项目团队

俗话说，"磨刀不误砍柴工。"在组建项目团队前，创业者要梳理和掌握一定的流程，目的是更好地让项目团队推动融资成功。通常组建项目团队的流程如下：

1. 确定项目范围

组建项目团队的第一步是确定项目范围，即了解项目团队应该创造什么价值、项目的目标是什么、项目包含以及不包含什么内容等。

2. 确定项目所需的和可用的资源

创业者应该明确项目团队由哪些人员组成、需要什么设备和资金以实现融资目标等问题。为了更好地控制资源，创业者可以采取矩阵管理策略，即在公司内部利用已经确定的层次结构来完成相关工作，与项目团队保持联系。

3. 了解项目时间轴

项目进度规划及完成时间是非常重要的，创业者需要和项目团队明确相关细节。需要注意的是，项目的最后完成期限通常是固定的。

4. 了解具体工作

创业者应该提前了解想要完成的项目，项目团队需要开展的工作。与项目团队确认完成项目的必要细节是组建项目团队不可或缺的步骤。

5. 制订初步计划

把所有工作整合成一个计划，明确哪项工作必须优先于其他工作，这就要求创业者必须按照正确的顺序安排工作，为项目团队分配资源。随着计划的开展和工作的完成，创业者会进入监控阶段。在这个阶段，创业者要控制成本，合理地分配时间。

6. 将计划告知所有相关人员

让相关人员了解项目的进展非常重要，每完成一项重要任务，创业者就应该及时将其告知相关人员。当然，如果任务出现问题，创业者也要及时告知相关人员。总之，创业者要确保相关人员知道项目团队每天都在做什么。

三、输出"养料"的业务团队

在任何公司中，业务团队的地位都不可动摇。如果公司没有优秀的业务团队，那么投资者的投资意愿就不会很强烈。综合来看，组建优秀的业务团队要关注以下几个重点，如图 2-1 所示。

人才吸引：保证活力、趋于年轻化

目标监督：月初紧、月中检、月末冲

文化建设：积极、活泼

梯队创新：自下而上的模式

会议召开：定期传递重要信息

图2-1　组建业务团队的重点

1. 人才吸引：保证活力、趋于年轻化

公司要保证业务团队是有活力的，同时要让其朝着年轻化的方向发展。年轻人接受和学习新事物的速度比较快，而且有强大的创造力和洞察力，对一些新兴技术比较擅长，可以开发出比较有新意的产品，从而更好地吸引投资者。

2. 目标监督：月初紧、月中检、月末冲

业务团队必须有目标，而且设定目标后，创业者应该帮助和督促业务团队完成目标。在完成目标的过程中，有三个非常重要的关键期，分别是月初、月中、月末。针对不同的关键期，创业者需要采取不同的监督策略，即月初紧、月中检、月末冲。

（1）月初紧，即前 10 天要完成 50% 的月度目标，争取做到"开门红"。

（2）月中检，指的是检验目标完成进度。如果有必要，创业者可以让业务团队总结目标进度缓慢的原因，避免再次出现同样的情况。

（3）月末冲，即月底总动员，冲刺最终目标。此时创业者应该激发整个业务团队的士气，多夸奖、多表扬员工，让员工调整状态，冲刺最终目标。

3. 文化建设：积极、活泼

和其他团队一样，业务团队也需要进行文化建设。高效的业务团队必须有积极、活泼的文化氛围，这关系每一位员工的成长和发展。和谐的工作环境可以促使员工全身心地投入工作，激发他们对工作的热爱，从而让他们产生更高的工作热情。

4. 梯队创新：自下而上的模式

业务团队中的角色分配应该是一种自下而上的模式，例如，年轻员工提出创意，进行头脑风暴；年龄稍长一点的员工整合资源；工作能力强的员工辅助管理人员作决策，把握大局。这样不仅可以避免管理人员专权独断，还可以将决策风险降到最低。

5. 会议召开：定期传递重要信息

会议是让员工了解近期业务发展情况，以及其他重大事件的一个有效途径，必须定期召开。以月度会议为例，创业者应该对业务团队的工作情况进行总结，兑现奖惩措施。此外，如果想增强业务团队的凝聚力，那么定期召开协调会议也非常有必要。

无论是业务团队的搭建，还是员工的培养和管理，都不可能一蹴而就。优秀的业务团队有着不一样的基因，可以让创业者在融资时更有底气，让投资者心甘情愿地投入资本。

四、加速公司曝光的营销团队

一个扎根市场、有效率、能做事的营销团队，可以让公司的业绩有更显著的提升。促使一个普通营销团队进化为高级营销团队，是每个创业者都应该重视的事项。下面将从四个方面出发，分析创业者如何才能建设一个高级营销团队。

1. 掌握"一对多"的互联网交流方式

在传统模式下，公司需要一对一地为用户介绍产品的功能与优点。近年来，移动互联网迅猛发展，社群在营销中的重要性凸显。

营销团队应该重视社群的力量，学会通过社群打广告、做推广，将社群里的成员变成KOL（Key Opinion Leader，关键意见领袖）。在传播者基数足够大的情况下，打造社群对于营销团队来说是一件省心又省力的事。营销团队只需要做"领头羊"，将产品的优点告知第一个用户并让他满意，他便会告诉第二个用户。随着用户的增加，社群逐渐升级为产品交流群，最终打响品牌。

2. 用数字化工具分析市场

俗话说，"工欲善其事，必先利其器。"新时代的营销团队需要利用互联网的强大技术为公司赋能。营销团队可以通过数据分析了解用户的行为和偏好，从而有针对性地进行产品推荐和广告投放。依托移动互联网、大数据、人工智能等技术，营销团队能更轻松、精准地收集用户信息，从而有针对性地触达目标群体，实现流量引入以及高效转化。

3. 持续互动，跟踪服务

营销团队需要用积极的态度、优质的服务给予用户良好的消费体验。优质的服务能够给公司带来很高的社会效益与经济效益，长远来看可以为公司塑造良好的业内口碑。投资者通常喜欢这样的公司，也愿意为这样的公司投资。

4. 巧用事件营销，扬长避短

流量红利逐渐消失，公域流量成本不断攀升，营销团队要善于利用营销资源，合理使用各种营销策略。例如，营销团队可以采取事件营销策略，避免品牌声量被挤压。

但凡事都有两面性，由于事件营销利用的是社会热点，因此其中包含的品牌信息会被很多人关注。在信息高度透明的时代，公司的任何行动都会受到瞩目，如果公司存在薄弱点和劣势，就很可能受到舆论影响，造成难以挽回的损失，从而失去投资者的信任，因此，在借助社会热点事件进行营销时，营销团队应该慎之又慎，且须合理合法。

3

|第三章|

BP 编制：全方位展示商业路线图

通常投资者在约创业者见面详谈前就应该已经收到了商业计划书（Business Plan，简称 BP）。商业计划书在很大程度上决定了投资者对创业者的第一印象。如果第一印象不好，那么想要获得投资就很难。因此，创业者要用心编制商业计划书，有条不紊地呈现自己的想法，让投资者看到完整的商业路线图。

第一节　如何打造直击人心的BP

一份直击人心的商业计划书非常有价值，可以让投资者看到创业者的实力和融资诚意。要编制这样的商业计划书，关键在于了解商业计划书的必备内容，如市场与行业情况介绍、盈利模式解读、融资规划分析等。创业者要根据重要性为各项内容排序，重要的内容要优先展示，这样可以让投资者对项目的亮点有更深刻的印象。

一、瞄准风口，介绍市场与行业情况

市场与行业情况影响企业的盈利能力和未来成长能力，投资者在投资时十分关注这方面的内容。为了吸引投资者，创业者要在商业计划书中分析市场需求与行业发展前景，例如，多少用户可能会使用公司的产品；用户体量是百万级、千万级，还是亿级等。

市场会深刻影响投资者的决策，因为未来5～10年的市场发展空间基本上可以预测。在这种情况下，投资者更喜欢发展空间足够大，可以容纳百亿级别用户的公司。著名的互联网公司阿里巴巴在融资时，就对中国互联网市场，尤其是电子商务市场的巨大潜力和广阔发展空间进行了详细展示。

二、解读盈利模式，突出关键内容

关于盈利模式，投融资界流行这样一句话：方向比努力更重要。盈利模式是关乎公司发展方向的问题，代表公司赚取利润的方式。良好的盈利模式不仅可以指导公司走上正确的道路，为公司带来巨额收益，还能在创业者和投资者之间编织一张稳定、共赢的关系网。

从本质上看，盈利模式是"利润＝收入－成本"。创业者要用简洁的语言，逻辑清晰地将其展现在商业计划书上。投资者不是普通用户，他们深谙竞争规则，往往不需要常识性解释，只希望直接看到创新点。表达盈利模式的创新点可以从以下几个方面着手，如图3-1所示。

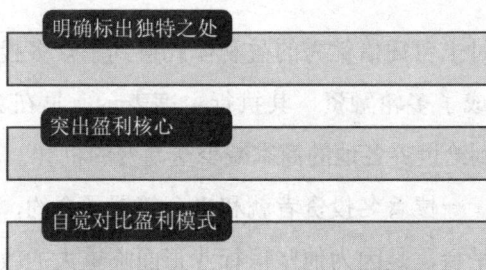

图3-1　如何直接、清楚地表达创新点

1. 明确标出独特之处

投资者希望看到项目的独特之处，如产品／服务质量上乘、团队凝聚力强等，这些独特之处不仅可以给用户提供额外的价值，还有助于公司获得更多用户。华润万家的产品具有低价、种类多的特点，这种盈利模式在世界范围内拥有较强的竞争力，因此华润万家能够不断地发展壮大，获得大众的认可和信赖。

如果项目中具有其他项目不具备的特色，投资者就能预测项目具有良好的发展前景，能够给自己带来丰厚的投资回报，从而愿意投资。

2. 突出盈利核心

公司都有自己独特的盈利模式，创业者一般会通过向投资者展示盈利模式来获得投资。为了使盈利模式更加清晰，创业者应将盈利核心在商业计划书中展示出来。盈利核心包括很多方面，例如，公司经营所依靠的科技创新能力，产品的不可替代性，低成本、高质量的产品，给用户提供的优质服务等。对于创业者来说，梳理好盈利核心，能够使盈利模式更加清晰，更容易获得投资者的青睐。

3. 自觉对比盈利模式

如果创业者能够总结实践经验，将自己的盈利模式和其他公司的盈利模式作对比，让投资者对项目的盈利模式有深层次了解，那么就能提高融资成功的可能性。

例如，某支付平台凭借优秀的盈利模式得到了众多投资者的信赖。该支付平台成功完成了多轮融资，其执行主席表示，早在2011年刚创办该平台时，他就看到给世界各地的商家减少交易费的机会。

在投资之前，一位著名投资者就和平台签署了合约，他明确表示，之所以选择投资该平台，是因为他坚信行业正面临重大的改革和创新，而这家公司已经率先采用"替代支付"模式。

投资人表示，在振奋人心的商业模式革命中，该系统作为一种服务，将会持续建立人们对此类产品的信心，推动其发展，而该平台或许就是下一个独角兽。

该平台之所以能够拿到巨额融资，与其盈利模式清晰有直接关系。如果投资者能够在盈利模式上看到盈利可能，就会毫不吝啬地投资，因为这表明了未来的回报将非常可观。

三、讲述团队情况，给投资者一颗"定心丸"

很多人觉得，投资是一场挑选优秀团队的博弈，事实的确如此。在投资时，投资者除了看重市场与行业情况、盈利模式外，还看重团队是否可以支撑项目和公司的发展。那么，创业者应该如何做，才能让投资者青睐团队、愿意为公司投资呢？

首先，名校、名企以及参与知名项目的经历，会给创始人打上标签。创始人可以具体说出自己在相关行业的经验、成就，甚至情怀。像乔布斯一样致力于改变世界、让人生更有价值，投资者也许会对创始人刮目相看。

其次，介绍团队核心成员及分工情况，将他们的经历和擅长领域突出表现出来，吸引投资者的注意力。例如，对团队中核心成员的特殊才能、特点、人际资源进行介绍。

最后，明确管理目标，讲述组织架构，让投资者更加了解团队。创业者可以借鉴以下组织架构模板示意图，根据公司的实际情况进一步优化和调整，如图3-2所示。

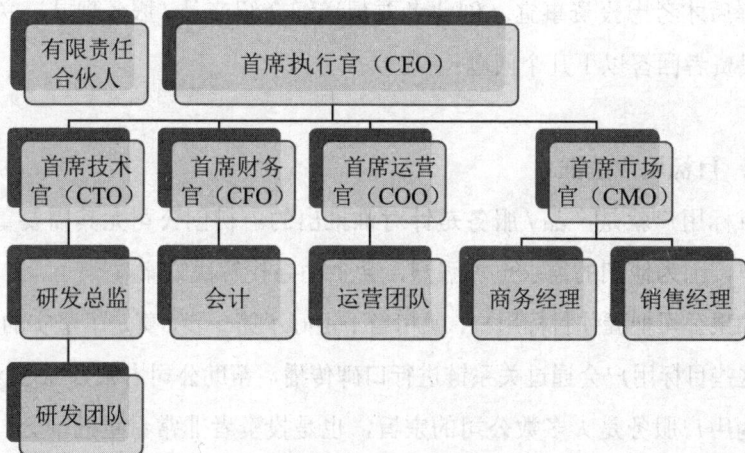

图3-2　组织架构模板示意图

下面摘录一段腾讯团队的组织架构介绍，创业者在商业计划书中撰写这一部分时，可以将其作为参考。

马化腾：腾讯主要创始人之一，董事会主席、执行董事兼首席执行官，全面负责本集团的策略规划、定位和管理。

1993 年，马先生取得深圳大学学士学位，主修计算机及应用，并于1998 年在中国电信服务和产品供应商深圳润迅通讯发展有限公司主管互联网传呼系统的研究与开发工作。

刘炽平：总裁。2005 年加盟腾讯，出任本集团首席战略投资官，负责公司战略、投资、并购和投资者关系等方面的工作；2006 年升任总裁，协助董事会主席兼首席执行官监督日常管理和运营；2007 年，被任命为执行董事。

刘先生拥有美国密歇根大学电子工程学士学位，斯坦福大学电子工程硕士学位以及西北大学凯洛格管理学院工商管理硕士学位。加入腾讯之前，刘先生还曾经在麦肯锡公司从事管理咨询工作。

四、阐明产品/服务现状，展示优势之处

在商业计划书中，产品/服务现状介绍是一个重要部分，这个部分也是投资者投资的立足点。一般来说，他们在对产品/服务现状有比较全面的了解后才考虑投资事宜。创业者要想详细介绍产品/服务现状，关键在于向投资者回答以下几个问题：

1. 目标用户是谁

目标用户就是产品/服务是针对谁推出的。初创公司尤其需要重视目标用户，因为他们的需求更加强烈，会主动寻找解决方案。

如果公司把握住目标用户，就相当于走好了第一步，奠定了坚实的基础，因为这些目标用户会通过关系链进行口碑传播，帮助公司占领目标市场。

为用户服务是大多数公司的宗旨，也是投资者非常看重的部分，如果商业计划书中有公司为用户着想的内容，那么融资就会更顺利。

2. 他们的痛点是什么

痛点就是用户在生活中遇到的麻烦、纠结和抱怨，如果不能将其消除，用户会产生负面情绪。用户需要一种解决方案来消除痛点，使自己的生活恢复正常，如果产品/服务能够消除用户的痛点，就是有价值的，创业者要在商业计划书中展示相关内容。

3. 通过什么产品/服务解决了他们的问题

产品/服务就是"发动机"，投资者只有充分认识产品/服务，才有可能产生兴趣。如果产品/服务足够好，用户数量惊人，投资者会主动投资。

在商业计划书中介绍产品/服务可以从这些问题入手：如何解决目标用户

的问题？解决方案是什么？选择这种解决方案的理由是什么？特点是什么？拥有哪些资源？成本如何？用户数量与用户转化率如何？有无竞争壁垒？

当当的产品／服务介绍非常典型：针对互联网用户，为那些热爱阅读的人提供便捷、低廉和多样化的即时服务。与传统书籍零售商不同，当当是一家在线书籍零售商，能够以最快的速度提供百万本书籍。

4. 解决方案有什么竞争优势

与市场中的竞争对手相比，你的解决方案有哪些优势或者差异化价值？在回答这个问题时，创业者必须把重点放在竞争壁垒上。产品／服务的竞争壁垒越坚固，投资者投资的可能性越大。创业者可以优先介绍最大的优势，这样一方面可以向投资者展示更多、更重要的亮点，另一方面有利于充分体现公司的强大竞争力。

五、分析融资规划，拒绝浪费现象

分析融资规划的目的是向投资者展示资金用途，避免投资者担心公司会滥用资金而拒绝投资。融资规划除了要体现公司业务拓展战略和实际情况外，还要体现前瞻性和大局观，同时要让投资者清楚地了解公司具备合理使用资金的能力。

融资规划的时间段应当是资金到位后的 3 ~ 5 年，在这几年内，资金的使用情况和预期成果都要一目了然。对于投资者来说，简单甚至有漏洞的融资规划没有吸引力，因此，创业者必须认真制定融资规划，具体可以从以下几方面入手：

（1）资金需求说明。这部分包括资金的总量、用途和使用期限，其中资金的用途主要体现在开展项目、拓展业务、升级核心团队、优化商业模式等方面。

（2）介绍资金使用计划及进度。这主要是为了让投资者心中有数，例如，资金使用周期为一年半，根据市场目标达成情况和团队管理成本划分进度。

（3）在投资形式方面，创业者需要向投资者明确投资贷款、利率、利率支付条件、转股、普通股、优先股、认股权以及对应价格等内容，帮助投资者充分了解自己将会得到的回报。

（4）资本结构。

（5）回报/偿还计划。

（6）资本原负债结构说明，包括每笔债务产生的时间、条件、抵押、利息等信息。

（7）投资抵押是公司在经营过程中是否存在抵押的情况，如果存在，抵押品的价值如何，定价时所依凭的根据有哪些。如果有必要，还应该提供定价凭证。

（8）融资后的股权架构。

（9）股权成本。

（10）投资者介入公司管理程度之说明。

（11）资金使用报告。

以上就是商业计划书中融资规划需要具备的主要内容，在实际撰写的过程中，创业者需要根据投资者的意愿，对商业计划书进行灵活删减和添加，确保投资者满意。

六、设计退出机制，不留后患

退出机制是每个投资者都非常关心的内容，因为后期无论项目是否盈利，投资者都要把自己的资金收回，以便实现资金的正向循环。合理的退出机制也是保障创业者控制权和话语权的重要方式。

退出机制主要包括三项内容：方式、条件、规划，具体可参照以下案例。

投资者不需要长期持有公司的股权，可以在满足条件的情况下，按照自己的意愿适时退出，拿到自己应该获得的收益。总之，我们一直以实现投资者资本增值的最大化为宗旨。

经过公司董事会认真讨论，决定投资者在公司的持股时间至少为两年，两年之后，投资者就可以通过适当的方式退出。投资者退出时，要严格按照国家的法律法规。如果要提前退出，投资者需要与公司协商，由双方共同解决。

公司为投资者提供三种退出方式：IPO（首次公开发行）、股权出售、公司并购，其中最成功、回报最多的是 IPO。为了保证投资者能够以这种方式退出，公司会将登陆创业板上市设定为目标，而且全员都会尽自己最大努力实现这个目标。

公司的具体战略规划是：20××年实现股权制改造；20××年达到上市标准，成功在创业板上市。我们将时刻关注创业板的市场情况，与证券界保持密切的联系，争取达成在 20××年上市的目标。到时，投资者可以从公司成功退出。

该退出机制就非常清晰，而且直接告诉投资者哪一种退出方式最合适。另外，创业者还将上市的战略规划和措施都展示在商业计划书中，投资者可以由此看到自己退出的希望，这是比较吸引他们的一点。

第二节 在BP中加入故事"基因"

在商业计划书中讲一些故事可以让商业计划书更生动、有趣。与单调、枯燥的事实和晦涩难懂的行业术语相比，有吸引力的故事更容易引起投资者的兴趣，能增进投资者对项目及创业者的了解。

一、故事的基本要素有哪些

创业者要想让自己的商业计划书更优秀，在其中加入故事是非常不错的方法，这样不仅可以增加内容的感染力，还可以引起投资者的兴趣，激发投资者的情感。通常一个有吸引力的故事，离不开以下三个基本要素，如图3-3所示。

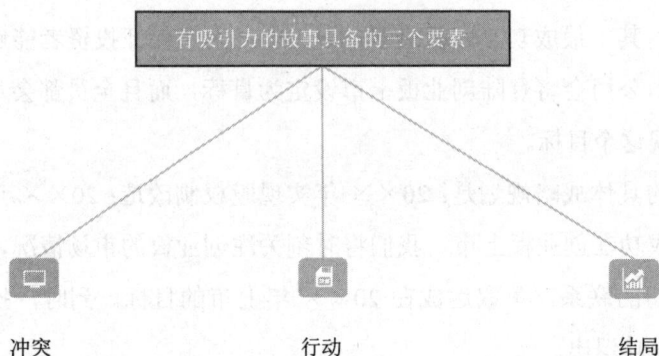

图3-3　有吸引力的故事具备的三个要素

冲突是渴望和障碍的结合，无论是只有障碍没有渴望，还是只有渴望没有障碍，都不能构成真正意义上的冲突。行动是冲突的产物，正是因为有了冲突，才需要行动来进一步解决。付诸行动后获得了怎样的效果，便是最终的结局。

例如，某位创业者在向投资者展示商业计划书时，讲了这样一个故事：

当初，整个行业都面临非常严重的挑战，产能过剩、竞争激烈、市场环境差，我们公司也没能幸免，最困难时甚至无法按时给员工发放工资。但是，这么多员工需要养活自己的家庭，我也想实现自己的梦想，所以我必须迎难而上，找到新的出路。于是，我和员工团结在一起，大家纷纷献计献策，最后通过优化资源配置、淘汰落后产能、研发高端产品，公司重新焕发了生机，盈利比之前更丰厚。

上述故事既有冲突，又有行动，还有结果，三个要素全部具备，其中：员工和创业者的需求是渴望，行业面临的挑战是障碍，二者共同构成了冲突；优化资源配置、淘汰落后产能、研发高端产品是行动；公司重新焕发生机，获得更加丰厚的盈利是结果。

展示商业计划书的时长是有限的，因此，创业者必须在有限的时间内把最关键的部分说清楚，让投资者充分感知公司的诚意以及发展潜力。

二、什么样的故事才是好故事

有人曾经说过："好故事就像人生，只是删掉了无聊的部分。"一个好故事总是能够在第一时间牢牢吸引人们的注意力，然后润物细无声地传递想要表达的理念和观点。如果创业者想在商业计划书中加入故事，就要选择一个好故事。

一个好故事应该是怎样的？《故事处方》一书中提出一个概念——"隐形磁河"，这个概念总结了一个好故事的三个必要标准："隐形""磁""河"。

"隐形"是指隐藏在故事中的核心以及听故事的人内心深处的深层次需求。一个能够吸引投资者的故事，往往具有精神内核。创业者的故事要和自己想传达的信息有所关联。如果创业者想说服投资者投资，却给对方讲述《狼来了》的故事，是毫无帮助的。讲故事的目的既不能深藏不露，也不能完全呈现，只有掌握好"隐形"的度，才能达到应有的效果。

"磁"是指贯穿故事整个核心的吸力，即能够引起投资者情感共鸣的元素。创业者应以投资者的喜好憎恶为基础选择故事，以投资者感兴趣或者与投资者相关的人、事、物作为故事的主体部分，这样故事才会对投资者有足够的吸引力，使其产生情感共鸣。

"河"是指故事要像河流一样蜿蜒曲折，有持续向前发展的结构。故事性是故事的基础，与其吸引力息息相关。不管以什么方式呈现，故事必然有情节。只有当故事的情节像河流一样曲折生动且合情合理、合乎逻辑，故事才具有说服力和参考意义。

三、投资者喜欢哪些类型的故事

与其他类型的故事相比，大多数投资者对创业故事、使命故事、团队故事、产品故事更有兴趣。

创业故事可以让投资者知道创业者为什么创业，并从中挖掘出创业者的一些内在优势；使命故事可以帮助创业者证明自己的能力，从而获得投资者的青睐；团队故事可以突出团队的团结、专业等特质，打消投资者的疑虑；产品故事以"产品可以解决用户的什么痛点"为核心，有利于投资者对产品有更深入的了解。

某品牌创始人曾经将自己的故事讲给投资者，其中包括创业起源、团队发展、产品研发历程等内容。从创始人的故事中，投资者可以看到他坚强、勇敢、专注、不服输等品质，这些都是创业者身上难能可贵的品质，也是投资者希望创始人所具备的品质。因此，创业者要想吸引投资者，不妨从自己和自己身边的故事入手，从中找到闪光点。

四、跟着雷军学习如何把故事讲好

有段时间流行这样一句话："有故事，品牌自己都会飞"。创业者想讲好一个故事，并不容易。小米创始人雷军是讲故事的高手，创业者可以从他身上吸取经验。

雷军曾经把小米发展过程中的一些重要故事整合起来，形成一个故事大串烧，包括招聘高素质人才进入团队、创始团队的分歧事件、100 个种子用户的梦想、手机如何定价、搞定其他同类品牌赢取人心等，这些故事成为投资者看重的关键部分，很大程度地提高了投资者为小米投资的可能性。有些投资者也许记不住手机配置，也记不住小米的上下游公司都有哪些，但能记住这些故事。对于雷军来说，这些故事是向投资者传递自身价值观的最佳载体。

在给投资者讲故事时，雷军不会只把重点放在"光鲜亮丽"的情节上，也会讲述一些小米经历的"黑暗时刻"。但对于后者，雷军往往不会做过多阐述。例如，对于造芯片失败的故事，雷军没有作过多解释，而是用小米获得的两个奖项证明了整个团队的努力。

雷军重点介绍的正能量故事可以很好地体现小米的价值观，也从侧面宣扬了小米的发展潜力，有利于快速激发投资者的情感共鸣。

创业者需要以故事的形式将项目、产品、品牌、公司更好更有效地推广出去，毋庸置疑，雷军就是这样做的。他坚持"故事为先"的定律，将一个个故事凝聚成小米的"灵魂"，不断深化小米的品牌价值，让投资者对小米产生独特的感情。

第三节　优化细节，提升BP的竞争力

对于商业计划书，不同投资者的偏好有所不同，例如，有些投资者更重视排版，而有些投资者只在乎其中的数据。为了顺利完成融资工作，创业者应该提前了解投资者的风格，根据其偏好不断打磨商业计划书，而不能用一份商业计划书"走天下"。

一、重视排版设计，BP更美观

排版效果是投资者对商业计划书的第一印象，排版看起来舒服，投资者就有兴趣继续阅读；反之，投资者可能会放弃阅读。

1. 商业计划书排版要求

最普遍的商业计划书排版要求如下：

（1）字体。宋体。

（2）字号。商业计划书名称为二号，楷体 GB2312，粗体；一级标题为三号，黑体，粗体；二级标题为小三号，楷体 GB2312，粗体；三级标题为四号，宋体，粗体；正文为仿宋四号；图、表标题为五号，宋体；内容为五号，宋体；页眉和页脚为小五号，宋体。

（3）行距。正文为 1.2 倍行距；标题为单倍行距。

（4）页面设置。页边距为上侧 2.5 厘米，下侧 2.5 厘米，左侧 3 厘米，右侧 3 厘米；装订线为 0.5 厘米。

2. 排版需要注意的问题

在排版过程中，创业者还需要注意以下两个问题：

（1）多使用小段文字。如果在商业计划书中使用大段的文字，不仅页面不美观，而且投资者看起来也很吃力。如果真的需要大量文字，创业者应当学会使用小段描述，并尽可能地精简。

（2）用金字塔原理凸显层次感。金字塔原理的基本结构如图 3-4 所示。商业计划书使用金字塔原理可以凸显内容的层次感。大标题开头应当使用"一、""二、""三、"的形式并加粗，代表金字塔结构的塔尖部分；二级标题开头应当用"（一）""（二）""（三）"的形式并加粗；三级标题开头应当用"1.""2.""3."的形式并加粗。这样做是为了让投资者在浏览商业计划书的过程中更清楚每个部分是如何划分的，从而凸显内容的层次感。

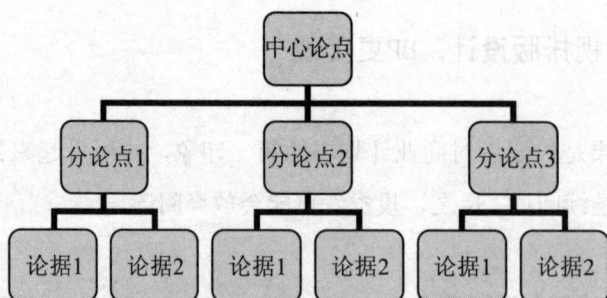

图3-4　金字塔原理的基本结构

商业计划书的排版一定要简洁、美观。如果排版凌乱，没有层次，遇到宽容度较高的投资者还好，若是遇到有"强迫症"的投资者，那么结局可想而知。

二、多使用数据，让数据"说话"

数据是投资者非常关心的一个指标，也是检验项目能否盈利的"试金石"。很多投资者会根据创业者提供的数据分析项目的发展前景，从而作出更合理的投资决策。

创业者首先要清楚项目的运营数据，然后再看市场数据、竞争对手数据等。此外，创业者还要善于收集用户反馈的数据，通过分析这些数据，可以洞察用户偏好，然后迎合用户偏好，增加项目的受欢迎度。商业计划书中多使用数据，对投资者更有说服力。

任何人都无法预测未来，投资者能做的就是获得第一手数据，为投资决策提供可靠的依据。如果创业者意识到自己的项目有很大不确定性，就更应该发挥数据的作用，如项目运营数据、市场规模数据、风险数据等。数据不仅可以帮助创业者明确发展前景，作出合理的规划，还能促使投资者作出投资决策。

将数据呈现在商业计划书中需要经过四步，如图3-5所示。

图3-5　将数据呈现在商业计划书中的四步

1. 获取数据

创业者要把项目涉及的数据汇总起来，确定从哪些方面分析问题，这一环节需要创业者具备结构化思维以及对问题的理解能力。

2. 处理数据

处理数据需要花费大量时间，创业者要学习使用先进的数据处理工具，如 Ultra Edit（编辑器）、ACCESS（Microsoft Office Access，微软办公软件——关系数据库管理系统）、Oracle（数据库）、SPSS（Statistical Package for the Social Sciences，社会科学统计软件包）Modeler（自动建模器）、SAS（Statistical Analysis System，统计分析系统）、R 开源软件等。

3. 分析数据

分析数据离不开各类数据模型，包括预测模型、关联规则、分类、聚类等，创业者可以阅读入门级数据分析类书籍。

4. 呈现数据

呈现数据的方式有表格、图表等，创业者可以阅读相关书籍，以提升自身能力。

在大数据时代，"数据会说话"。创业者可以在商业计划书中多使用数据，让数据发挥作用，以更好地说服投资者。

三、加入附录，向投资者展示额外信息

附录是根据商业计划书正文的需要，额外加入的内容，它的作用在于对正文进行补充说明，并不是必备的，通常位于商业计划书的最后。

附录主要包含以下几方面内容：

（1）正文中涉及的数据等重要信息的出处；

（2）正文中某些问题的研究和处理方法与技术；

（3）某些不方便编入正文，但非常重要的公式、程序、注释、结构图等。

以上内容需要在商业计划书的最后部分以附录的形式展示给投资者。但应该注意的是，附录篇幅不是越长越好，而是要在对正文进行补充的基础上展示相关内容，才可以起到加分的作用。否则，投资者会认为是创业者对自己撰写的商业计划书不自信，才在后面加入大篇幅的附录，这样会让投资者对商业计划书的价值产生怀疑。

四、爱尚鲜花的精美BP是如何炼成的

爱尚鲜花是鲜花电商领域的佼佼者，曾经凭借一份商业计划书成功融资千万元。那么，爱尚鲜花的商业计划书究竟是什么样的呢？

爱尚鲜花商业计划书的第一部分是销售模式介绍，如图3-6所示。

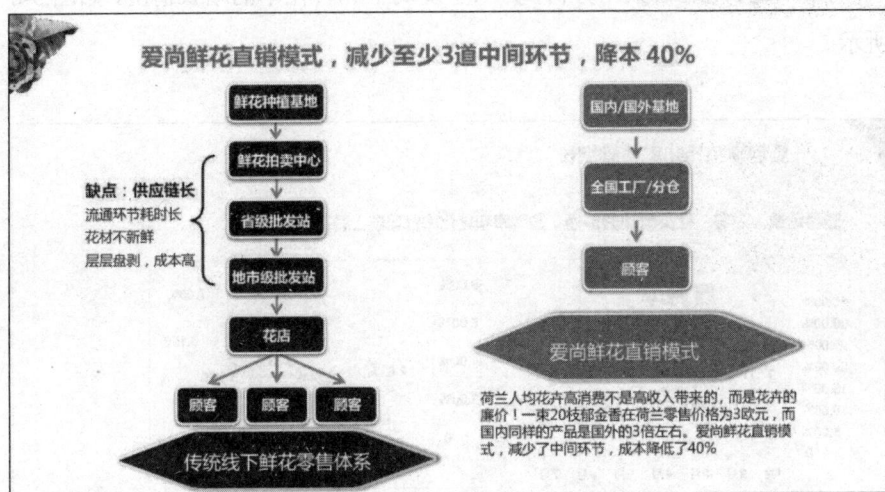

图3-6　销售模式介绍

第二部分是用户与粉丝分析，如图3-7所示。

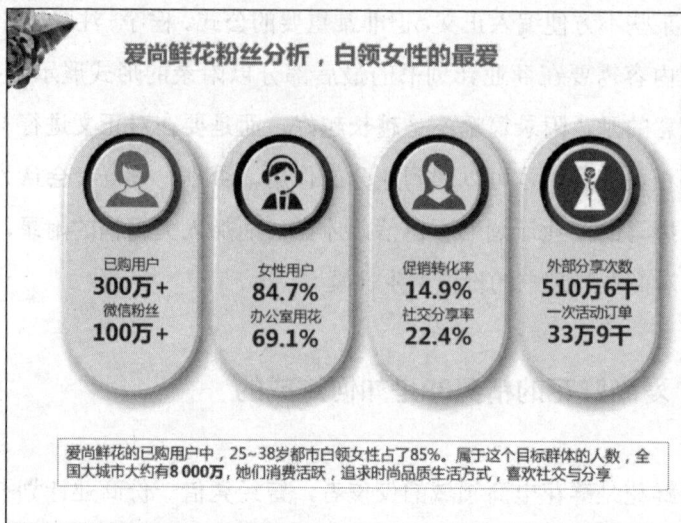

图3-7　用户与粉丝分析

　　第三部分是运营数据分析，介绍了复购率和转化率的增长情况，如图 3-8 所示。

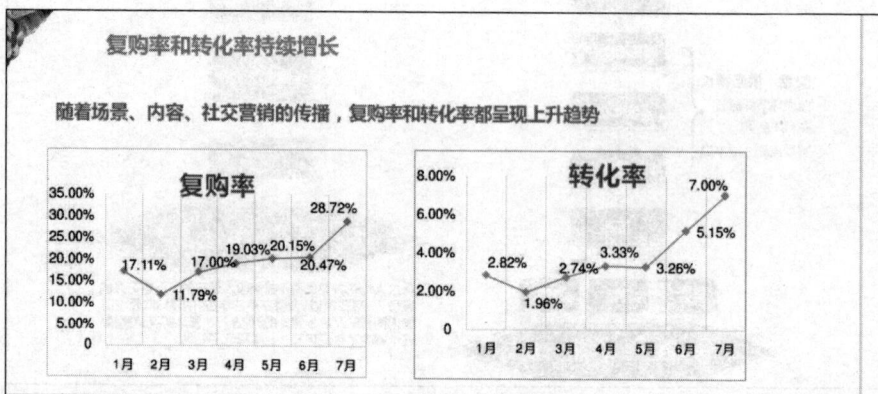

图3-8　运营数据分析

　　第四部分是团队介绍，如图 3-9 和图 3-10 所示。

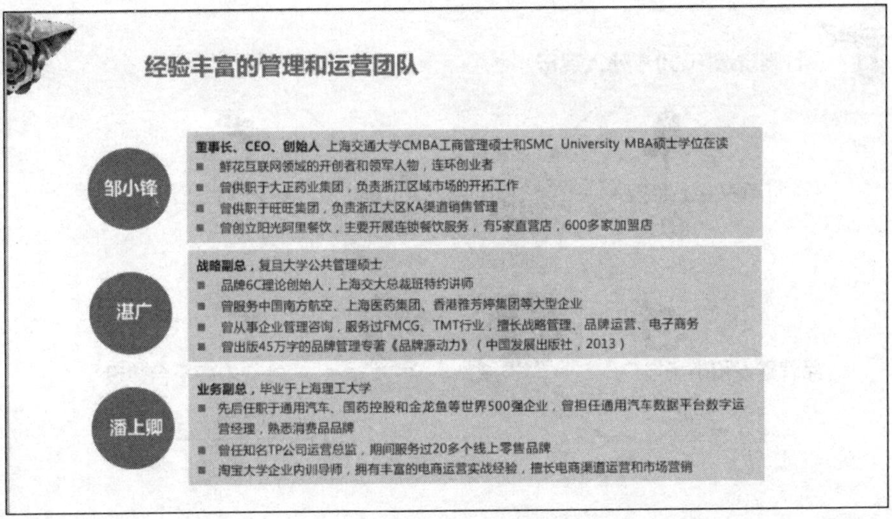

图3-9　团队介绍

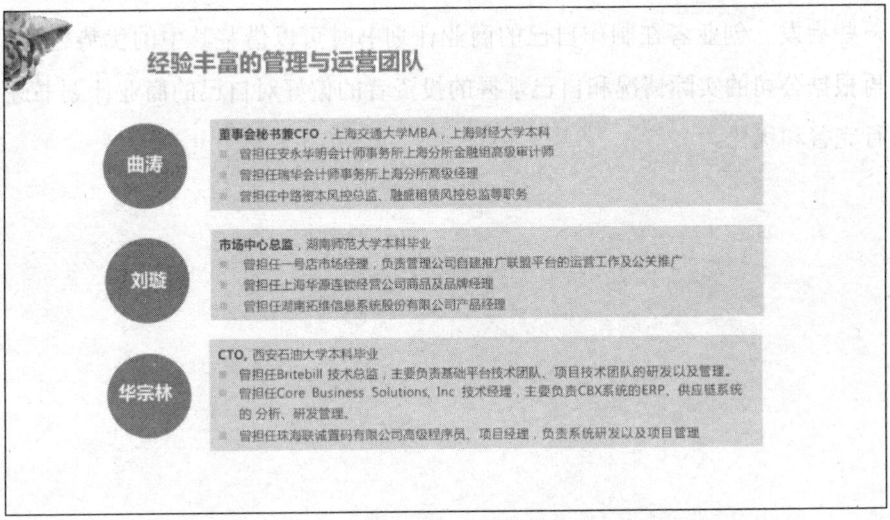

图3-10　团队介绍

第五部分是融资计划，如图 3-11 所示。

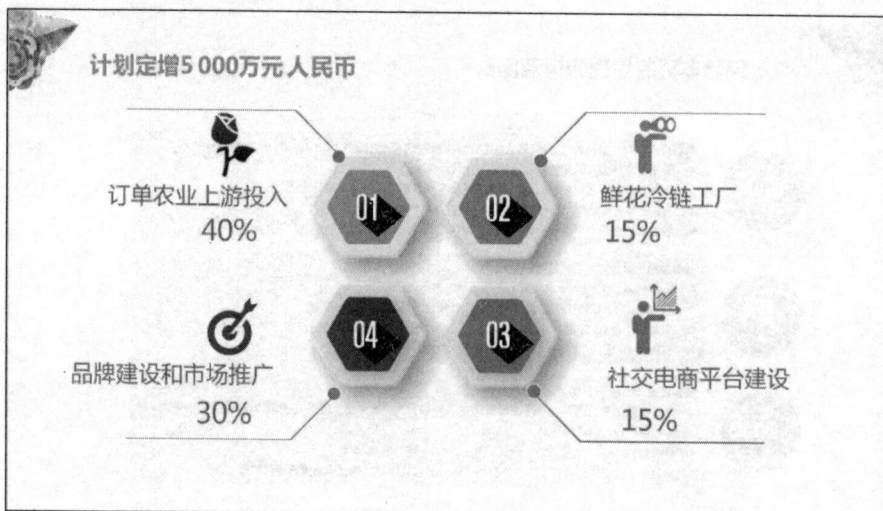

计划定增5 000万元人民币

订单农业上游投入
40%

01

02

鲜花冷链工厂
15%

04

03

品牌建设和市场推广
30%

社交电商平台建设
15%

图3-11　融资计划

　　虽然上述图片不能反映爱尚鲜花商业计划书的全貌，但可以给创业者一些启发。创业者在制作自己的商业计划书时可以借鉴其中的优势之处，再根据公司的实际情况和自己掌握的投资者的偏好对自己的商业计划书进行完善和优化。

4

| 第四章 |

估值增长：高估值公司更容易融资

估值是每轮融资中公司价值的评估，是投资者作出投资决策的重要依据。如果公司的估值高，就更容易获得融资。很多创业者十分重视估值问题，会想方设法提升公司的估值，以获得更多投资者的青睐。

第一节　关于估值的两大核心问题

估值时，创业者需要考虑的问题很多，其中比较核心的两个问题是：估值越高对公司越有利吗？哪些要素会影响估值？下面将对这两个问题进行详细分析和解答。

一、估值越高对公司越有利吗

估值决定了创业者在融资时需要给投资者多少股权。初创公司的很多关键材料和数据缺失或不完整，往往不能直接用现有方法进行具体的估值，所以有些创业者就直接报一个非常高的估值以提升公司的竞争力。

估值是一门比较复杂的学问。在天使轮融资中，如果公司得到一个高估值，那么下一轮融资时，公司的估值就要更高，也就是说，两轮融资之间，公司的业务规模、营业利润要增长很多。换言之，创业者需要向投资者表明公司的整体规模和收益比之前增长了很多。

如果创业者做不到这一点，那么通常只能接受投资者的苛刻条款，进行一次低估值融资。在这种情况下，除非有新投资者加入，或者其他投资者愿意为公司投入更多资金，否则，公司的现金流很可能会因此而断裂，甚至关门大吉。所以，在融资时，公司的估值不是越高越好。

二、哪些要素会影响估值

王某是一家公司的创始人，公司刚开始发展得并不顺利，主要是因为没有资金支持。为了获得资金，王某和他的团队计划融资。2022 年，王某在网上找到了一位投资者。投资者对他的项目很感兴趣，路演结束后，投资者对公司进行了尽职调查。

接下来，王某和投资者进入了谈判阶段。投资者问王某："你们公司的估值是多少？"王某瞬间不知所措，他没有考虑过这个问题，便随口说了一个数字。投资者听到王某说的是一个"天文"数字，与预期相差太大，而且经过多次交涉，双方也没有就这个问题达成一致意见。最终的结果是，投资者没有给王某投资。

如果融资进入谈判环节，肯定会涉及估值问题，但估值不是创业者随口说出一个数字，而是要进行细致、准确计算。一个估值合理的公司，才会获得投资者的青睐。

在为公司估值时，创业者需要考虑以下几个要素。

1. 用户数量

公司如果想获得发展，首要目标就是吸引大量用户。如果在短时间内，公司可以吸引大量用户，就说明公司的前景非常广阔。一般来说，公司吸引的用户越多，吸引速度越快，公司的估值就越高，获得的投资就越多。

2. 成长潜力

公司是否有成长潜力也是投资者比较重视的一点。在融资谈判时，创业者可以用数据向投资者展示公司的成长潜力，这些数据也是投资者衡量公司估值的重要依据。

3. 收入

收入也能作为估值的一个依据。公司有了收入之后，就会产生一些数据，这些数据可以帮助创业者确定合适的融资金额。对于初创公司而言，收入也许只占一小部分，通过收入计算出来的估值不能代表其全部潜力，但可以为融资谈判提供参考。

4. 创始人和员工

一个好的创始人更容易吸引投资者。创始人以前的工作背景、人生经历等影响着公司融资的成败。如果创始人和员工的能力很强，那么由他们组成的公司必定非常有发展潜力。

5. 行业

行业不同，估值也不同。以餐饮行业和高科技行业为例，餐饮行业的估值通常是总资产的 3 ～ 4 倍；而高科技行业潜力比较大，估值一般是年营业额的 5 ～ 10 倍。在找投资者谈判之前，创业者一定要了解公司所在行业的整体形势。

6. 孵化器

有些公司是依托孵化器建立起来的，这样的公司通常能获得专业指导，在资源方面也比一般公司更有优势。在孵化器的助力下，公司会通过数据分析确定发展方向，这也会提高公司在谈判中的估值。

7. 期权池

为了吸引优秀员工加入公司而提前预留的股票就是期权池。通常期权池越大，估值越低。期权池是一种无形资产，其价值一般会被忽略。

8. 实物资产

有些公司的实物资产不多，在估值时容易将其忽略。实际上，实物资产也属于公司资产，会对估值产生一定影响。

9. 知识产权

公司拥有的专利也是公司资产，在估值时要计算进去。专利能提高公司的估值，例如，某初创公司因为拥有两项专利而多获得了 500 万元投资。

在初创期，公司估值应合理。估值不合理，意味着公司要承担的风险更大，例如，公司一旦出现问题，就要被迫接受很多不公平条款。因此，创业者一定要根据公司实际情况算出一个合理的估值，提高投资者投资的概率，避免自己遭受不必要的损失。

第二节 常用估值方法大盘点

公司估值的方法很多，如现金流折现法、账面价值法、市盈率倍数法、资产计算法、用户数与流水法等。创业者要对这些方法进行深入了解，提前设定一个估值范围，防止被投资者的不合理估值影响。

一、现金流折现法

现金流折现法是一种对连续经营价值的分析，通过计算公司未来可能产生的全部现金流折现值来计算公司价值。

在运用现金流折现法之前，创业者要先了解两个概念：自由现金流和折现。自由现金流是指在公司盈利后，将盈利部分减去为了维持业务周转必须投入的成本，余下的净利润；折现率指将未来有限期预期收益折算成现值的比率，创业者可以根据公司当年的净利润和折现率计算公司的预期市值。

现金流折现法适用于即将上市的成熟公司，对于初创公司来说，这种估值方法具有非常多的不确定性，因为初创公司的现金流预测通常不太准确，所以折现出来的公司估值不可信。

二、账面价值法

账面价值法是指公司总资产扣除股东权益部分，即为公司的价值。账面价值法是对公司现有的资产进行估值，不能着眼于公司的未来价值进行评估。以下三个因素会影响账面价值法估值的准确度：

（1）通货膨胀使某项资产的价值不等于它的历史价值减去折旧；

（2）技术进步使某些资产出现过时贬值的情况；

（3）组织资本的存在使得资产组合超过各单项资产价值之和。

三、市盈率倍数法

快速发展的创业公司按照市盈率来计算估值比较合适，因为投资者投资的是公司的未来，是对公司未来的盈利能力给出当前的价格。市盈率倍数法计算估值的公式如下：

估值 = 预测市盈率 × 公司未来 12 个月利润

风投机构确定预测市盈率时，普遍用到的方法是给历史市盈率打折扣。例如，互联网行业的平均历史市盈率是 60，那么预测市盈率大概是 50。

给同行业、同规模的非上市目标公司估值，参考的预测市盈率会继续打折扣，一般为 20 ～ 30；如果目标公司在同行业中规模较小，预测市盈率会再打折扣，大概为 10 ～ 15。例如，某互联网初创公司融资后下一年度的利润预计为 1 000 万元，公司的估值大概是 1 亿～ 1.5 亿元。

市盈率倍数法的优点在于直观、简单，容易计算且很容易获取数值，其缺点在于有被误用的风险，例如，在公司收益或者公司预期收益为负值的情况下，该方法不适用。

此外，市盈率倍数法使用短期收益作为参数，而短期收益往往不能直接反映公司的发展前景，这意味着，该方法难以准确地反映公司运用财务杠杆的水平，容易产生较大误差，从而导致投资者作出错误的投资决策。

四、用户数与流水法

目前，互联网公司呈现爆炸式增长，但其估值仍然不是十分准确。人们在对其进行估值时，比较常用的方法有用户数与流水法。例如，某投资者对游戏公司的营业收入进行预测，预测方法如下：游戏流水＝付费用户数 × 付费玩家月均消费值＝活跃用户数 × 付费率。

游戏推出后，付费用户在测试期、成长期的增长速度较快，并逐渐将公司的营业收入推到高点。此后公司若能维持较高的付费用户量，就可以维持相对稳定的利润。而游戏进入衰退期付费用户量下降时，投资者可以选择退出。

互联网公司创新模式频出、发展周期短、更替速度快、变化幅度较大，这使其估值难度较大，而且评估机构也难以参与其估值工作，因此，与一般公司的估值方法不同，互联网公司的估值方法还需要不断摸索与创新。

第三节 如何在短时间内实现估值增长

如何有效估值，并在融资过程中实现高效的估值增长，是目前所有公司都面临的一个难题。创业者需要掌握快速提升估值的方法，以便更顺利地完成融资。

一、瞄准核心业务，挖掘增长机会

估值增长的关键，在于公司业务快速增长。公司要围绕核心业务，不断向外拓展，寻找潜在的增长机会。

潜在增长机会能够为公司核心业务的成长提供最大可能性，公司需要牢牢把握当前已经获得的机会，在熟悉的领域充分发挥优势。公司还需要对增长机会进行实时判断，对原来能够实现增长而现在已经丧失增长能力的机会果断放弃。此外，公司还需要对机会背后潜藏的风险进行正确评估，不断抓住新的增长机会。

自然增长与抢占市场先机，是寻找市场中潜在增长机会的主线。在相对成熟的行业中，公司需要通过二次竞争，不断积累优势，以在市场的不断洗牌中占据领先地位，把握增长机会。

公司可以从三个方面入手挖掘市场中的增长机会，如图4-1所示。

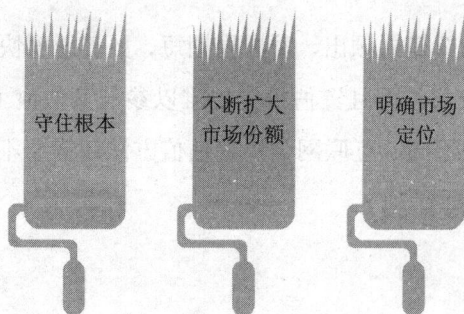

图4-1 挖掘增长机会的三种方式

1. 守住根本

通常情况下，公司在其核心业务领域，都具有较强的市场竞争力，占据较大的市场份额。当公司在行业中具有较大优势时，往往能够及时捕捉到新的增长机会。而且，领军公司往往具有较强的行业话语权，能够对行业中新增的增长机会实现最大程度的利用。

为了保持优势，公司需要通过技术创新保证其核心业务的成长性，成为行业的领跑者。

例如，凭借先进的技术、优质的产品配套服务、全方位的解决方案，惠普的产品一直广受消费者的青睐，特别是在打印机领域，惠普展现出强大的市场领先能力。惠普在打印机领域深耕数十年，一直享有业界领先地位，在年平均出货量、市场份额、产品覆盖率、专利数量等方面，惠普都有突出的表现。通过技术创新，保持核心业务的成长，是惠普在市场上始终保持领先地位的关键。

2. 不断扩大市场份额

不断扩大市场份额，满足大多数市场需求，不仅能实现公司利润的增长，加快公司发展速度，还能使公司敏锐地捕捉市场中新的增长机会。

3. 明确市场定位

明确市场定位能够更好地打造品牌形象，使公司品牌在市场中具有差异性，吸引更多的消费者。明晰的市场定位还能够帮助公司迅速抢占细分领域的消费市场，使公司能够更好地满足细分领域消费者的需求。明确自身市场定位后，公司能够更好地聚焦资源，从而形成独特的市场竞争优势，增强竞争力。明确市场定位还能够使公司专精、专研，在擅长的领域更好地挖掘新的业务增长点，实现核心业务增长。

二、调整客单价，改善盈利情况

很多创业者错误地认为，订单多了，转化率高了，公司就可以获得更多盈利，这些创业者忽视了一个非常重要的因素——客单价。提高客单价是实现盈利增长的一个非常有效的方法，其本质是让每位用户单次消费更多金额。客单价通常由以下几个因素决定：

1. 门店的铺货情况

销售场景会影响用户的购物情况。例如，大卖场与超市及便利店相比，大卖场内产品的铺货量最大、品类最广，超市其次，便利店最后，因此，同样的零食在大卖场的客单价可以达到 60～80 元，在超市可以达到 20～40 元，而在便利店只有 8～15 元。

2. 品牌产品定位

在销售场景相同的情况下，不同品牌产品的定位不一样，其客单价也会出现差异。例如，某商场的 A 品牌零食套装为 380 元，B 品牌的相似套装售价为 128 元。或许 B 品牌的销售量更高，但在客单价的作用下，A 品牌的营业额会显著高于 B 品牌。

3. 品牌促销活动

促销产品的价格低于正常价格，用户通常会因为价格优惠而购入更多的产品。创业者可以利用这种消费心理，通过开展品牌优惠活动的方式促使用户购买更多产品，从而提高客单价。

4. 产品的关联组合

根据关联性不同，产品可以被划分为同品类、相近品类、跨品类和跨大类四类，公司可以将产品根据关联性进行组合，从而有效提高客单价。例如，将婴儿的食品、服装、玩具产品进行组合，横跨三个大类，但这种组合十分符合用户的消费习惯，可以有效引导用户购物。

对于同类产品，公司可以采用降价促销、捆绑销售或买赠等方式提高客单价。对于不同类产品，公司可以将产品进行组合，从而带动异类产品的销售。在这个过程中，公司要考虑产品的关联性，利用产品的相似性或互补性刺激用户购买。

如果公司的信息化程度足够高，也可以对产品的销售数据进行分析。例如，分析各品类产品在不同季节、不同节日的销售情况，从而建立产品与节日的连接，进一步引导用户消费；了解各品类产品的销售趋势，提升产品的品类档次；创建完善的会员系统，建立会员消费行为画像，对会员进行针对性营销。

三、进入高利润区，持续经营

聪明的创业者一定会推动公司进入高利润区，并在高利润区持续经营。高利润区是公司赖以生存和发展的"土壤"，会直接影响公司产品研发、业务决策，并在很大程度上决定了公司的平均收益。如果公司能够瞄准行业中的高利润区，以此为核心制定战略方案及商业模式，就能有效提升公司估值，为投资者带来更高的回报。

目标用户的价值越高，公司能获得的利润越多，因为目标用户的收入水平与消费理念会对其消费行为产生影响。优秀的公司会将目标用户分层，从高消费群体入手，以其需求和偏好为依据，推出相应的产品或服务。

例如，一家没有明确定位的设计公司，可以为客户提供海报设计、网页设计、户外广告设计等服务。从表面上看，这家公司似乎有极强的专业能力，涉猎很多方面，实际上，这家公司在海报设计、网页设计等低利润区投入过高，整体业绩并不理想。

海报设计、网页设计等市场相对饱和，而且收费水平不高，客户对这两项服务的价值感知不强，通常设计一张海报可以为公司带来大约 1 000 元的收益，设计一个网页可以为公司带来大约 5 000 元的收益。在大多数客户看来，海报与网页的设计并不复杂，购买这些服务很难让他们感觉物有所值，所以他们不愿付出超出预期的价格。

相比海报和网页，很多客户愿意为 logo（标志）支付高价，因为对于这些客户而言，logo 的意义更大，适用范围更广，使用年限也更久。因此，logo 设计就是设计行业的高利润区。

除了设计行业外，还有一些行业也存在高利润区。例如，打印机的价格普遍不超过 100 美元，但其实需要重复添加的墨水才是真正盈利的业务；咖啡机不贵，但胶囊咖啡会给公司带来巨大收益；主打炒菜机器人的公司，其真正的盈利点是炒菜料理包。将墨水、胶囊咖啡、炒菜料理包这些优质、廉价、可反复使用的产品作为切入点培养用户的忠诚度，从而通过经常性收入获得盈利的商业模式很受投资者欢迎。

各行业的投入产出比相差巨大，即使在同个行业，各细分领域也有较大的收入差距。究其原因，就在于各细分领域对应的利润等级不同。公司瞄准行业中的高利润区，可以有效减轻业务负担，创造更多收益。

四、阅文为什么可以有高估值

2017 年 11 月，腾讯旗下的阅文集团正式登陆港股交易，上市首日股价大涨 86%，估值高达千亿港元。那么，阅文为什么可以取得如此亮眼的成绩呢？

1. 网络文学时代已经到来

随着移动互联网、人工智能等技术的发展，网络文学越来越火爆，文学爱好者可以在网上发布自己创作的文章，各地的网民可以阅读和欣赏。

阅文依靠 VIP 收费制度和作家分成模式，抢占了先机，在网络文学市场处于优势地位。网络文学市场的规模还在不断增长，阅文的未来发展空间十分广阔。除了维持现有盈利模式外，阅文还深入挖掘微信、微博等营销渠道，持续推出爆款网文。

2. 全方位打造品牌矩阵

从 2015 年开始，阅文便着手整合盛大文学、QQ 阅读、起点中文网、起点女生网、创世中文网、云起书院、潇湘书院、红袖添香、小说阅读网、言情小说吧等知名阅读品牌，签约了近百万位作家，内容覆盖 200 多种不同的品类，此举不仅为阅文带来了大量收入，还让阅文成为我国规模超大的 IP 版权商，为阅文进行泛娱乐转型奠定了基础。

3. IP 开发的潜力很大

随着业务结构不断完善，阅文在 IP 开发方面也有所建树。例如，阅文参与《庆余年》《择天记》《全职高手》《黄金瞳》《美食供应商》等多个知名 IP 的影视化改编。此外，阅文还与光线传媒、新丽传媒等达成合作，共同开发新 IP，为自身后续发展助力。

未来，网络文学的发展肯定不止于 IP 开发，还会出现一些新机遇。而在新机遇到来前，阅文凭借极具竞争力的市场份额在网络文学领域占据领先地位，助力该领域不断发展。

中篇

打造最优股权体系

5

股权设计：考虑股权应该如何分配

对于一家公司，尤其是初创公司来说，股权设计是一个必须正视的问题，这个问题关乎公司的健康发展以及创投关系的建立与维护，同时也是公司能否顺利融资，并保证自身利益的基础。要做好股权设计，创业者必须了解关于股权的9条生命线，同时还要掌握一些方法和技巧。

第一节　关于股权的九条生命线

很多创业者都听说过"股权九条生命线"这个概念，但不太了解，甚至他们都已经被"扫地出门"了，还不知道是股权设计出现了问题。只有充分了解股权生命线并把控好股权，创业者才可以掌握公司控制权。

一、67%：绝对控制权

《中华人民共和国公司法》（以下简称《公司法》）第四十三条规定："股东会的议事方式和表决程序，除本法有规定的外，由公司章程规定。股东会会议作出修改公司章程、增加或者减少注册资本的决议，以及公司合并、分立、解散或者变更公司形式的决议，必须经代表三分之二以上表决权的股东通过。"

根据上述规定，股东需要拥有 67% 的股权，才能拥有公司的绝对控制权。持股 67% 代表拥有超过 2/3 的表决权，只要公司章程没有特殊规定，持股 67% 的股东便能对修改公司章程、公司合并等重大事项进行表决和决策，这也是创始人的最佳生命线，本条生命线适用于有限责任公司、股份有限公司。

二、51%：相对控制权

持股 51% 代表拥有超半数的投票权，也被称为"相对控制权"是因为只要公司章程中没有特殊规定，在股东按照出资比例行使表决权的情况下，创始人可以主导一些简单事项的决策，如聘请独立董事，选举董事、董事长，聘请审议机构，聘请会计师事务所，聘请/解聘总经理等，即便后期公司上市，经过2～3次融资稀释后，创始人还可以控制公司，这是创始人退而求其次的生命线。本条生命线适用于股份有限公司，有限责任公司可自行约定。

但创始人需要记住，即使拥有51%的股权，但因未达到67%，所以除非公司章程有其他约定，否则有七个事项是创始人无法独立决策的，分别是增加注册资本、减少注册资本、修改公司章程、公司分立、公司合并、公司解散、变更公司形式。

三、34%：一票否决权

如果创始人持有的股权不超过51%，就需要把股权控制在34%以上的安全控制线上。当创始人拥有34%的股权时，其他股东就不能达成2/3的投票率，这样即便创始人没有绝对控制权，也拥有一票否决权，但是，一票否决权只能用于公司生死存亡的重大决策，如果只是简单事宜的决策，那么创始人没有一票否决权，这是初创公司创始人的安全生命线。本条生命线适用于有限责任公司、股份有限公司。

四、30%：上市公司要约收购线

30%的持股比例被称为"上市公司要约收购线"，这条线通常只适用于特定条件下的上市公司股权收购，而不适用于有限责任公司。

《上市公司收购管理办法》第二十四条规定："通过证券交易所的证券交易，收购人持有一个上市公司的股份达到该公司已发行股份的30%时，继续增持股份的，应当采取要约方式进行，发出全面要约或者部分要约。"

收购上市公司的方式有协议收购和要约收购两种。与协议收购相比，要约收购需要经过更多环节，操作程序更繁杂，收购方要付出的收购成本也更高，创业者要注意这一点。

五、20%：重大同业竞争警示线

20%的持股比例是重大同业竞争警示线。同业竞争指的是上市公司所从事的业务与其控股股东所控制的其他公司的业务相同或近似，双方可能构成直接或间接的竞争关系。如果一家股份有限公司持有其他公司20%以上股权或者可以对其他公司的经营决策产生重大影响，就会出现重大同业竞争警示线。

持股20%是重大同业竞争警示线没有确切的法律依据，但根据行业默认规则，在一家公司持股超过20%的股东不能在同行业其他公司工作或任职，因为双方构成或者可能构成直接或间接的竞业关系。本条生命线适用于上市的股份有限公司。

六、10%：临时会议权

公司的实际管理依靠股东会、董事会等执行机关的有效运作，股东会、董事会出现矛盾，就可能导致公司运营出现问题。为维护股东的正当权益，《公司法》赋予了股东自救的手段，即单独或合计持有公司股权10%以上的股东，可以向法院申请解散公司，防止公司损失进一步扩大，损害股东的权益。如果股东参与公司运营，持股比例最好不要低于10%，否则很可能无法保障自己的资金安全。

单独或合计持有公司10%股权的股东有权提议召开股东临时大会，在董事和监事都不履行召开股东会职责时可以自行召开和主持。本条生命线适用于股份有限公司。由于股份有限公司的特殊性，持股10%享有的临时会议权具有强制性。而有限责任公司根据公司章程的约定，持股10%享有临时会议权并不具有实际意义。

七、5%：重大股权变动警示线

《中华人民共和国证券法》（以下简称《证券法》）第八十条规定："发生可能对上市公司、股票在国务院批准的其他全国性证券交易场所交易的公司的股票交易价格产生较大影响的重大事件，投资者尚未得知时，公司应当立即将有关该重大事件的情况向国务院证券监督管理机构和证券交易场所报送临时报告，并予公告，说明事件的起因、目前的状态和可能产生的法律后果。

前款所称重大事件包括：

（一）公司的经营方针和经营范围的重大变化；

（二）公司的重大投资行为，公司在一年内购买、出售重大资产超过公司资产总额百分之三十，或者公司营业用主要资产的抵押、质押、出售或者报废一次超过该资产的百分之三十；

（三）公司订立重要合同、提供重大担保或者从事关联交易，可能对公司的资产、负债、权益和经营成果产生重要影响；

（四）公司发生重大债务和未能清偿到期重大债务的违约情况；

（五）公司发生重大亏损或者重大损失；

（六）公司生产经营的外部条件发生的重大变化；

（七）公司的董事、三分之一以上监事或者经理发生变动，董事长或者经理无法履行职责；

（八）持有公司百分之五以上股份的股东或者实际控制人持有股份或者控制公司的情况发生较大变化，公司的实际控制人及其控制的其他企业从事与公司相同或者相似业务的情况发生较大变化；

（九）公司分配股利、增资的计划，公司股权架构的重要变化，公司减资、合并、分立、解散及申请破产的决定，或者依法进入破产程序、被责令关闭；

（十）涉及公司的重大诉讼、仲裁，股东大会、董事会决议被依法撤销或者宣告无效；

（十一）公司涉嫌犯罪被依法立案调查，公司的控股股东、实际控制人、董事、监事、高级管理人员涉嫌犯罪被依法采取强制措施；

（十二）国务院证券监督管理机构规定的其他事项。

公司的控股股东或者实际控制人对重大事件的发生、进展产生较大影响的，应当及时将其知悉的有关情况书面告知公司，并配合公司履行信息披露义务。"

通过上述规定我们可以知道，持有一个公司 5% 以上股权的股东或者实际控制人，其所持该上市公司已发行的股权比例每增加或者减少 5%，应当依照规定进行报告和公告，披露权益变动书。本条生命线适用于上市的股份有限公司。

八、3%：临时提案权

《公司法》第一百零二条第二款规定："单独或者合计持有公司百分之三以上股份的股东，可以在股东大会召开十日前提出临时提案并书面提交董事会；董事会应当在收到提案后二日内通知其他股东，并将该临时提案提交股东大会审议。临时提案的内容应当属于股东大会职权范围，并有明确议题和具体决议事项。"

因此，单独或者合计持有公司 3% 以上股权的股东，拥有临时提案权，这能有效保障小股东的权益。本条生命线适用于股份有限公司，不适用于有限责任公司，因为有限责任公司兼具资合性和人合性，没有复杂的程序性规定。

九、1%：代位诉讼权

在公司的日常运营中，董事、监事、高级管理人员可能违反规定，损害股东的权益。为了避免这种情况，《公司法》第一百四十九条规定："董事、监事、高级管理人员执行公司职务时违反法律、行政法规或者公司章程的规定，给公司造成损失的，应当承担赔偿责任。"

《公司法》第一百五十一条第一款规定："董事、高级管理人员有本法第一百四十九条规定的情形的，有限责任公司的股东、股份有限公司连续一百八十日以上单独或者合计持有公司百分之一以上股份的股东，可以书面请求监事会或者不设监事会的有限责任公司的监事向人民法院提起诉讼；监事有本法第一百四十九条规定的情形的，前述股东可以书面请求董事会或者不设董事会的有限责任公司的执行董事向人民法院提起诉讼。"

持股 1% 以上的股东在发现公司股东或者高级管理人员有挪用公司公款等侵犯公司利益的行为时，如果公司董事会没有及时起诉，则持股 1% 以上的股东有权利自行向人民法院起诉。

法律在给予股东权利的同时还规定，股东必须持股超过 180 天，且在该公司没有持股时间和持股比例限制的情况下，才能达成条件。在提起诉讼期间，给公司造成的损失需由起诉方承担赔偿责任。本条生命线适用于股份有限公司，不适用于有限责任公司。

第二节　股权分配的道与术

很多创业者与投资者往往从一开始的同舟共济走到最后的分道扬镳，其实出现这种现象的原因并不是外部竞争，而是股权分配背后的利益问题引起的内部矛盾。创业者必须学习股权分配方面的知识，提前规避风险。

一、平衡利益主体的股权

股权设计与创始人、股东等多方面的利益主体相关。合理的股权设计方案需要做好不同利益主体之间的平衡，否则，很容易引发矛盾，影响公司的正常运营。

徐某大学毕业后与朋友创办了一家互联网公司。在创业初期，他们没有明确公司的股权设计方案，因为他们认为公司发展还不明朗，想等公司稳定后再分配股权。经过他们坚持不懈地努力，公司终于在市场中有了一席之地，利润逐年提高，获得了不少投资者的青睐。

年终，徐某决定引进投资者，并开始思考股权应该如何设计，还表示之后要"论功行赏"，将一部分利润作为员工努力工作的奖励，而此时创始团队成员的心态都发生了变化。在公司还没有获得利润或者利润较低时，大家认为股权架构只要保证基本的公平就可以，毕竟彼此之间的收益不会相差太多。而现在公司的利润逐年上涨，未来发展势头良好，股权设计方案深刻影响大家今后的收益，因此，这些创业伙伴开始对股权的分配斤斤计较。在这种情况下，创始团队的矛盾开始激化，凝聚力大幅下降，甚至影响公司的正常运营。

在创业之初，创业者就应该明确股权设计方案，以保证各股东之间的利益平衡。在明确的股权分配框架下，无论公司的利润如何变化，各股东获得的回报比例都是固定的，因而彼此之间的关系也较为稳定。如果等到公司发展前景十分明朗之后再分配股权，那么分配模式可能无法满足所有人的预期，可能导致出现利益分配不平衡的问题。

因此，为了保证股权分配平衡、创始团队永葆凝聚力，创业者需要在创业之初就明确股权设计方案，形成一种大家共同认可的股权分配标准。只有这样，当后期公司获得良好发展时，股权分配才有标准可依，才能保证各股东之间利益分配的平衡。

二、掌握股权分配三大要素

对于创业者来说，融资不是获得资金就万事大吉了，股权分配问题也非常重要。在分配股权时，创业者应该考虑以下三大要素，如图5-1所示。

图5-1　股权分配要素

在上述三大要素中，对股权分配影响最大的是创始人身份。创始人身份即 CEO（Chief Executive Officer，首席执行官）身份，创始人往往独占一定比例的股权。在项目发起时，创始人通常是创意的来源，是项目的牵头人。创始人对自己的项目最具使命感，可以根据实际情况获得更多股权。而发起人凭借发起人身份获得的股权比例要低于创始人，一般为 10% 左右。

出资额的多少会影响各类股东的股权比例，这就要求创业者在分配股权时应该将出资额考虑进去。根据出资额分配的股权比例通常不应该超过 20%。

贡献是指股东能给公司带来的预期业绩，一般只有全职股东才能够获取这部分股权，其比例一般为 45% 左右。创业者需要根据职位和业务导向，确定相关人员的股权比例。创业者也可以根据贡献的变化对股权比例进行调整。

合理的股权分配方案，能够体现公司对人才的重视，避免传统股权分配中仅由出资比例决定股权比例的弊端。创业者要合理分配股权，不断完善公司的股权设计方案，这样才能吸引更优秀的合伙人、投资者、高素质人才主动加入。

第三节　如何设计股权更合理

在融资过程中，股权分配对于公司来说是一个至关重要的问题，如何公平地分配股权，不仅关系创业者、投资者、股东、员工等人的切身利益，还关系公司的长远发展。下面介绍一些让股权分配更合理的方法。

一、保证权、责、利是清晰的

对于创业者和股东而言，明晰的权（权利）、责（责任）、利（利益）是维护公平、保证合作稳定的基石。股东的权、责、利必须划分清晰、保持一致。

创业者应该根据股东所作的贡献进行股权分配。为公司作出较多贡献的股东，可以适当地占据公司较多的股权。占据股权越多的股东，享有的权利越多，承担的责任越大，获得的利益也越丰厚。需要注意的是，贡献通常是看不见、摸不着的，创业者需要将贡献量化，下面借助一个案例对此进行说明。

Carl（卡尔）、Matt（迈特）、Leonard（莱纳德）、Broderick（布罗德里克）在大学毕业后成立了一个科技公司，他们各自的角色如下所示：

（1）Carl（研发人员）：领域内公认的引领者，有较强的综合能力；

（2）Matt（商务人员）：为公司带来业务，为员工充实行业知识；

（3）Leonard（技术人员）：研发人员的得力助手；

（4）Broderick（研究人员）：因为某些契机开始创业，目前不会对公司作出太大贡献。

因为他们均为第一次创业，而且缺乏相关经验，所以股权架构是这样设计的：每个人持有 25% 的股权。对于 Carl、Matt 来说，这样的分配方式是不公平的。比较好的股权设计方案应该是：对每个人作出的贡献进行量化，按照从 0 分到 10 分的等级打分。

对于科技公司来说，比较重要的贡献有五种，不同的贡献有不同的重要程度（单位：级），具体见表 5-1。

表 5-1 贡献的量化

贡 献	重要程度	Carl	Matt	Leonard	Broderick
创业观点	7级	10分	3分	3分	0分
商业计划书	2级	3分	8分	1分	0分
领域专业性	5级	6分	4分	6分	4分
担当与风险	7级	0分	7分	0分	0分
资金	6级	0分	6分	0分	0分

将每个人五项的分数与对应的贡献的重要程度相乘，计算出五项的加权分数；把五项的加权分数相加，得到一个总分数，根据总分数确定每个人的股权比例；对股权比例的合理性进行检查，判断其是否符合逻辑，如果没有问题便可以正式投入使用。该公司四个股东的贡献值见表5-2。

表 5-2 四个股东的贡献值

贡 献	Carl	Matt	Leonard	Broderick	合计
创业观点	70分	21分	21分	0分	112分
商业计划书	6分	16分	2分	0分	24分
领域专业性	30分	20分	30分	20分	100分
担当与风险	0分	49分	0分	0分	49分
资金	0分	36分	0分	0分	36分
总分数	106分	142分	53分	20分	321分
股权比例	33%	44.2%	16.5%	6.3%	100%

通过上述方法对贡献进行量化后，就不会存在平分股权的情况，也不会出现权、责、利不明晰的现象。在进行股权设计时，创业者需要考虑每个人过去、现在、未来可以为公司作出多少贡献。不过需要注意的是，各类贡献的权重和分值不具备普适性，想使用这个办法的创业者，应该结合自身业务和公司发展情况对其进行优化和调整。

二、不要冷落资源提供者

创业者在创业初期需要的资源非常多，但各项资源对不同项目的重要性不同。有些项目的启动依赖某项技术专利，有些项目依赖创意，有些项目依赖推广渠道，还有些项目仅依靠某个投资者的信誉背书就能获得所需的大量资源。

下面针对常见的三类资源提供者制定了对应的股权分配方案。

1. 长期资源提供者

对于长期资源提供者，创业者应当考虑利益合作分成、利益与贡献的累进制分成以及适当比例的股权长期绑定，具体分配的股权比例应当视资源对项目发展的重要程度而定。对于只是承诺投入短期资源，而不考虑全职参与创业的资源提供者，创业者应该仅给予其项目提成，进行利益合作，而不要通过分配股权与其进行长期深度绑定。

2. 专业技术人员

如果专业技术人员为全职创业，创业者应当给予其较高比例的创始股权，按照股东标准分期、分批向其授予股权。对于不全职参与创业的兼职技术人员，创业者可以通过期权池给其分配少量股权，而不是按照股东标准为其分配股权。

3. 外部核心资源合作者

对于外部核心资源合作者，创业者可以通过期权池和虚拟股票进行业绩激励和价值绑定，这种操作方式不需要变更工商登记，股权由创始合伙人或有限合伙企业代持。

创业项目的启动、测试、推出等各个阶段，对资源的需求不一样。在为资源提供者分配股权时，创业者应该科学评估对方所提供的资源在创业过程中各个阶段的作用，以充分调动他们为公司作出更多贡献的热情和积极性。

第四节　拿出部分股权激励员工

通过发放股权激励员工，最根本的目的是留住员工，以一种合理的激励机制维持公司的稳定发展，促进员工积极创新，让员工最大化地发挥潜在价值。对于创业者来说，如何制定符合员工预期、让员工满意的股权激励方案，是一个尤为重要的问题，下面讲解相关内容。

一、可以用于激励的三种股权

股权激励是一种让员工获得一定股权，使其享受股权带来的收益与权益，从而激励其勤勉尽责地为公司作贡献的激励制度。可以用于实施股权激励的股权主要有干股、实股、虚拟股三种。

1. 干股

干股不是法律上的概念，是指未出资而获得的股权。持有干股的员工虽然可以享受相应的分红，但不具有对公司实际控制权。

例如，上海一家公司的管理者为了留住营销总监，许诺给他10%的干股，这样，营销总监没有出一分钱就成为股东，每个月可以获得一定的分红，但是公司的重大决策，营销总监不能参与。如果后期他决定离开这家公司，干股也随即消失，他也不会再获得任何分红。

2. 实股

与干股不同，实股是法律意义上的股权，需要经过工商注册，需要实际出资，可以转让。以实股的方式进行股权激励，公司会将股权按一定折扣卖给员工，或者以定向增发的方式授予员工，让员工获利。

3. 虚拟股

虚拟股不需要经过工商注册，不能转让和出售。公司使用虚拟股进行股权激励，员工可以获得分红与股价升值收益，但不具备所有权和表决权。如果员工离开公司，那么所获得的虚拟股会自动失效。

在选择股权激励方式时，创业者必须以公司的实际情况为前提。例如，刚成立的公司应该选择实股，以获得更多资金；而稳定成长的公司则适合干股，可以留住更多人才。

二、解读一家餐饮店的股权激励组合

上海有一家连锁餐饮店，负责人李某在不同阶段使用了不同的股权激励手段，成功将该餐饮店发展壮大。

在初期，李某希望通过股权激励提升员工业绩，加快餐饮店的发展，但由于管理制度不健全，未来的盈利状况也不明确，员工对于出资入股的方式有所顾虑。经过思考，李某选择了干股的激励形式，这样一方面能够解决员工的安全感问题，另一方面避免了后期股权难以收回的问题，确保李某在管理上更加收放自如。

实行干股激励后，员工的身份从"打工者"转变为"经营者"，工作激情上涨，餐饮店业绩明显提升。与之前只给员工发放"死工资"的形式相比，干股激励把餐饮店未来可能获得的利润进行了分配，使员工成为主人翁，促使他们创造更多收益。

在餐饮店得到一段时间的迅猛发展后，李某决定扩大规模。为了留住核心人才，他决定使用虚拟股的方式进行股权激励。李某让出 20% 的股权用于激励员工，并准备了 40% 的虚拟股权给店长。

虚拟股点燃了店长培训员工、管理店铺的激情，也激发了员工力争上游、成为店长的好胜心理。短短两年，餐饮店就从原本的1家扩展为7家。在看到虚拟股权带来的成果后，李某也清醒地认识到其中的短板，即未给予核心员工真正的股东权利。

为了避免这一短板带来的人才流失隐患，李某决定和一些表现突出的员工签署合同，约定如果考评合格并续约3年，就可以将虚拟股转化为实股。实行实股激励后，许多想要自己创业的员工放弃了创业的想法，将手中的虚拟股变为实股，成为"小老板"。

在内部榜样的作用下，几乎所有的核心员工都接受了续签劳动合同以获得相应实股的方案，这样一来，李某的餐饮店避免了人才流失的问题，培训成本也得以控制。

三、模板：股权激励计划方案范本

下面是公司股权激励计划方案的范本，创业者可以根据自身实际情况对其中的内容进行增减或修改。

××公司2023年度股权激励计划方案协议书

甲方（员工）：　　　　　　　乙方：

身份证号码：　　　　　　　　住所地：

为了进一步健全公司激励机制，实现公司战略目标，实现员工与公司共同发展的目的，依据相关法律法规、本公司章程，甲、乙双方本着公平、公正原则，经协商一致订立本协议。

一、激励对象

本次股权激励对象为甲方：＿＿＿＿＿＿＿。

二、股权激励模式

本次股权激励计划采用分红型虚拟股权的模式，甲方不直接以股东身份持有其获得的股权，而由股权激励委员会代为持有。甲方对其获得的股权具有收益权，但不具有表决权和转让权、继承权。

三、股权激励的股票、资金来源

1. 股票来源

本次股权激励方案的股票来源为原股东出让，出让股票的股东及出让股票的相应比例为：乙方股东＿＿＿＿出让其持有乙方＿＿＿＿%出资额中的＿＿＿%、＿＿＿出让其持有乙方＿＿＿%出资额中的＿＿＿%、＿＿＿出让其持有乙方＿＿＿%出资额中的＿＿＿%。总计乙方＿＿＿%的股权交由股权激励委员会管理，作为激励股权的来源。

2. 资金来源

本次股权激励计划的股权购买资金由公司和个人按1：1比例分别承担。

四、股权份额

甲方获得的激励股权份额由股权激励委员会确定，体现在甲方的员工持股凭证上。

五、行权条件

（1）经公司董事会决议通过后，甲方在当年年底分取预期激励股权份额相应的红利。

（2）如公司成功上市，则甲方所持之激励股权份额可按其在上市完成时所持公司股权比例获得公司股票，并享有公司股东的一切权利；若上市交易地的法律法规另有规定，则依照该规定。

六、股权份额的收回、回购及其他相关约定

（1）若在激励期间甲方因自身原因离职或因工作失误被公司辞退，或其他原因不在公司继续工作的：

① 若公司未上市，则股权激励委员会有权无条件收回甲方的激励股权份额，但甲方之前已经收取的红利不受影响。甲方应在收到股权激励委员会收回甲方激励股权份额的通知后，向股权激励委员会交回员工持股凭证，股权激励委员会在收回持股凭证后将甲方从持股员工名册中删除。

② 若公司已经上市，则股权激励委员会可自行决定是否回收甲方持有

的激励股权份额。若同意回收，则回收价格应为甲方离开公司当日的股票收盘价，但股权激励委员会无义务回收甲方的激励股权份额。若股权激励委员会回购了甲方的股权份额，则自支付回购款之日起，甲方不再持有相应的股权份额，应向股权激励委员会交回持股凭证，股权激励委员会在收回持股凭证后将甲方从持股员工名册中删除。

（2）除本协议中出现的情景外，在公司运作期间，甲方不得要求公司回购其持有的股权，不得将持有的股权进行转让、交易、继承。

（3）员工持股期间，员工持有的股权对应的收益、风险及损失应由员工享有及承担。

（4）若甲方在签署本协议后，在职期间发生资格变动，不再适用原股权激励份额，则经股权激励委员会确认后，由股权激励委员会将甲方的股权份额调整至相适应的份额，原份额作废。

（5）若甲方由公司董事会或股权激励委员会认定不再符合获得股权激励的资格要求，则股权激励委员会有权无条件取消甲方原持有的股权份额，但甲方之前获得的红利不受影响。

七、违约责任

本协议有效期间，任何一方违约给对方带来损失的，违约方应按照对方的实际损失进行赔偿。

八、保密义务

除应承担法定义务或其他强制性信息披露义务的情景外，双方均对本协议内容负有保密义务。

若甲方对外泄露了本协议内容，公司有权无偿强制收回甲方所持股权，并追究相关责任。

九、实施时间

本协议自签署之日起生效。

十、其他

（1）本协议一式二份，甲乙双方各执一份。

（2）本协议的解释权归乙方董事会。若有修改和补充，由甲、乙双方以书面方式作出。

（以下无正文）

甲方：

乙方法定代表人或委托代理人（签章）：

时间：_____年_____月_____日

地点：

|第六章|_____ 6

最优架构搭建：用杠杆撬动融资

一家公司设计股权架构的作用是明确股东之间的权、责、利，方便融资。在融资过程中，股权架构不仅是影响控制权的要素之一，还是投资者考察项目时关注的重点，因此，创业者要重视股权架构设计，通过资源的合理利用实现各利益相关者之间的共赢。

第一节　股权架构常见模式

各大企业的股权架构大致可以分为四种，即自然人股权架构、有限合伙股权架构、混合型股权架构、分散式股权架构，这四种股权架构各有利弊，创业者可以根据自身需求和公司的实际情况进行选择。

一、自然人股权架构

对处于初创期的公司来说，自然人股权架构十分适用，它简单、便于操作，在运营方面有显著优势，能够直接通过证券交易账户便利操作，而且纳税地点自由。但自然人股权架构也存在不便集中控制权、缺少利用股权杠杆的空间等缺点。

很多公司在上市前都是由自然人股东直接持股。自然人股东直接持股一方面可以延续公司创立初期的传统股权架构，另一方面可以享受税法对自然人股东的优待政策。

由于自然人股权架构可以实现自然人以个体身份对公司直接控股，因此对于初创公司的创始人来说，自然人股权架构非常适用。初创公司的运作模式、盈利模式尚未成熟，在未来的发展规划方面可能存在较大变化，因此并不适用复杂的股权架构，由自然人股东直接持股即可。如果公司能够成功度过初创期，有了稳定的运作模式和盈利模式后，就可以对股权架构作出相关调整。

如果在初创期公司的股权架构就非常复杂，极有可能导致控制权失控。例如，某公司在创业初期对股权架构没有过多限制，导致其内部同时存在自然人直接控股与合伙企业持股的情况。在公司效益稍有好转之后，便遭遇了投资者通过合伙企业控股机制乘虚而入争夺控制权的情况，公司内部一时之间分为自然人直接控股的原始股东和后续入场的新股东两个派系，运转效率急转直下。

因此，对于初创期的公司来说，自然人直接控股是最简单可控的股权架构模式。如果在公司后续发展过程中需要调整，也能够尽可能快地将其调整为合适的股权架构模式。

二、有限合伙股权架构

有限合伙股权架构是股权架构中比较常见的一种模式。在这种模式中，股东不直接持有公司的股权，而是通过有限合伙企业的方式间接持有股权。一般公司发展较为成熟后，会由自然人直接持股模式转变为有限合伙架构模式。

有限合伙股权架构有利于集中公司的实际控制权，还可以避免不必要的风险。对于资金密集型公司的创始人以及希望在短期内实现股权获利的股东来说，有限合伙股权架构是一种非常合适的股权架构模式；此外，对于想对员工进行期权激励的公司来说，这也是一种有效的激励方案。

在实际应用中，有限合伙股权架构存在初级和成熟两种模式。

有限合伙架构的初级模式如图 6-1 所示。

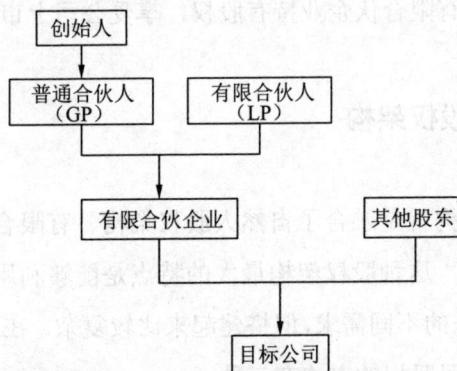

图6-1　有限合伙架构的初级模式

在有限合伙架构的初级模式中，创始人作为 GP（General Partner，普通合伙人）与公司高管、投资者等 LP（Limited Partner，有限合伙人）共同成立有限合伙企业，通过有限合伙企业间接持股目标公司。在这种模式中，创始人对有限合伙企业承担无限连带责任，存在较大风险，因此，综合考虑持股风险与人员配置，创始人可以将其升级为有限合伙架构的成熟模式，如图 6-2 所示。

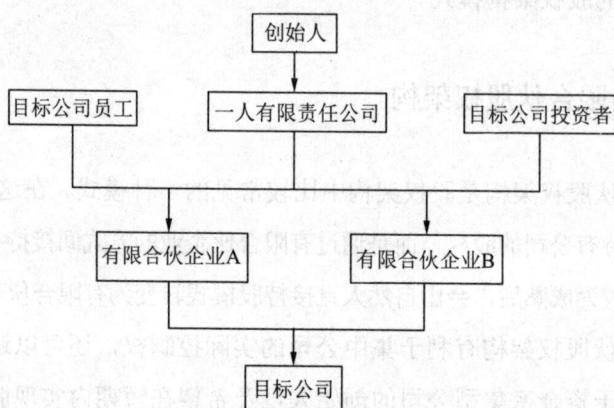

图6-2 有限合伙架构的成熟模式

这种成熟的股权架构模式受到了诸多公司的青睐。此外，也有一些公司在上市前将初级的有限合伙股权架构模式升级为成熟模式，使得公司的核心员工可以通过有限合伙企业持有股权，享受公司上市的红利。

三、混合型股权架构

混合型股权架构就是融合了自然人股权架构、有限合伙股权架构等多种模式的股权架构，这种股权架构最大的特点是能够利用不同股权架构的优势，满足不同股东的不同需求，但搭建起来比较复杂。在这种股权架构下，创始人持有目标公司股权的方法有三种。

第一种方法是创始人以自然人的身份直接持有目标公司股权；第二种

方法是成立合伙企业，通过合伙企业间接持有目标公司股权；第三种是与家族成员共同创立控股公司 A，控股公司 A 与创业伙伴成立新的控股公司 B，最终以 B 公司持有目标公司的股权。

在混合型股权架构下，目标公司的股权看似被分成了许多份，但最终公司的实际控制人还是创始人，这种股权架构不仅满足了创始人对目标公司的控制需求，还为股权杠杆的操作预留了充足的空间。创始人能够通过层层控制链以极小的投入撬动外部大量资金，实现以小博大。同时，这种股权架构还有利于在公司发展的中后期进行员工激励。

对于不同角色的股东而言，他们在不同的时期对公司有着不同的需求，而单一的股权架构无法始终满足动态的需求。混合型股权架构并非在创业之初就开始搭建，而是随着公司的发展，公司业务经营领域不断增加，股东越来越多，为了平衡各方股权并集中控制权，公司逐渐完善自身股权架构，最终形成混合型股权架构。

第二节　设计股权架构的原则

很多公司在经营几年后，已经获得了一定的盈利，成功引入了投资者，但股权架构依然不合理。为了解决这个问题，创业者有必要了解设计股权架构的原则，据此设计科学、合理的股权架构，维护好公司和投资者之间的关系。

一、是不是所有公司都要有股权架构

在设计股权架构方面，往往存在两种现象：一种是公司经营者意识到股权架构的作用，想要通过股权架构管理公司，但由于公司规模太小，股权架构反而使公司的管理变得混乱；另一种是公司经营者对股权架构的认知不够，没有在创业之初设计股权架构，而当后期公司发展壮大，有了更迫切的管理需求后，设计股权架构的成本大大增加。

以上现象就反映了一个关于股权架构的关键问题：所有公司都需要股权架构吗？事实上，并不是所有公司都需要股权架构。如果创业者开了一家餐厅、一家超市或一家小型贸易公司，那么创业者就可以将公司注册成个人独资公司，这样就不需要设计股权架构和招募股东。而如果创业者在创业之初就计划将公司发展壮大，计划在后期引入其他资本和人才，那么就需要尽早设计好股权架构，为公司之后的发展打下坚实的基础。

对于一个拥有长远发展目标的公司来说，不论公司处于初创期、成长期、扩张期，还是成熟期、上市期，股权架构都在公司的经营及成长中发挥重要作用。

1. 初创期公司的股权架构设计

初创期公司的股权架构设计是十分重要的，如果此时公司的股权架构有问题，就会给公司之后的发展埋下隐患。同时，公司之后调整股权架构时，需要付出较大的代价。因此，初创期的公司需要重视股权架构设计。在具体操作上，公司需要做好以下两项工作：

首先，要约定投资者的进入和退出机制，以明确的合约条款规范投资者的行为。投资者加入时要签订协议，在其中约定投资者成为公司股东的具体要求、权利和义务，并约定退出条件。

其次，要确保创始人的控制权。初创期的公司需要一个主心骨带领公司向前发展，而创始人就是凝聚公司力量的主心骨。为了保证创始人的控制权，创始人的股权比例要尽可能地大，以确保在几次股权稀释后，创始人依旧拥有公司的控制权。

2. 成长期公司的股权架构设计

公司为了实现快速成长，往往需要不断引入资金，而无论是最初的天使轮融资，还是之后的数轮融资，都与股权架构设计密切相关。

成长期公司进行股权架构设计的重要原则就是通过释放更少的股权比例，获得更多资金；同时，引入投资者时，并不是按照资本与公司净资产的比例来确定投资者的股权比例的。在成长期，公司的劣势是净资产不多，优势是具有巨大的发展潜力，因此，在与投资者进行估值谈判时，创业者不妨以创始团队、知识产权等作为筹码，尽量提高公司的估值，用资金与估值的比例确定投资者的股权比例。

3. 扩张期公司的股权架构设计

公司进入扩张期意味着公司的发展已经进入了正轨，而且收益也逐渐稳定，这时创业者就需要考虑对员工进行股权激励。在制订股权激励计划时，创业者需要做好股权架构设计。是对全部员工进行股权激励还是对部分员工进行股权激励、应该给每个员工分配多少份额的股权、怎样对授予股权的员工进行考核等，都是非常重要的问题。

4. 成熟期公司的股权架构设计

对于成熟期的公司来说，虽然此时各项业务已经处于良性循环中，但依然需要注意股权架构问题。一方面，经过多轮融资，公司的股权架构可能存在一些问题；另一方面，公司需要为之后的人才引进预留一些股权。因此，公司需要适时对股权架构进行调整和优化。

5. 上市期公司的股权架构设计

上市期的公司同样需要进行股权架构设计，因为处于上市期的公司往往会因为业务发展需要进行并购，需要将其他公司纳入自己的商业版图。出现变动时，创业者就必须设计新的、更适合公司的股权架构。

二、股权架构设计必须有战略思维

创业者通常会考虑如何利用自身资源在竞争激烈的市场中创造最大的

价值，这种考虑就是战略思维。在设计股权架构的过程中，创业者也需要充分考虑自身资源、市场竞争、客户需求等因素，以战略思维对股权架构进行整体设计。

一方面，创业者需要运用战略思维，对股权设计进行顶层思考。如果不从战略的高度来分析股权，就难以设计出能够满足公司长期发展需要的、合理的股权架构。创业者需要明确几个问题：公司的整体发展战略是什么？如果计划在未来上市，那么上市规划将怎样设计？业务结构怎样安排？公司各职能如何完善？战略落地时应该如何分配资源并推进计划？将上述问题考虑清楚后，股权架构设计就有了方向，而且能够推动战略落地。

另一方面，创业者需要突出公司区别于同类公司的优势，并将优势放大。创业者需要瞄准自身的经营领域，对市场进行细分，并做好区别于竞争对手的差异化定位。在此基础上，创业者可以瞄准市场进行团队组建、公司扩张等工作。如果公司能够在经营过程中做到聚焦、专业，那么战略落地就有了保障，在此基础上设计出的股权架构也就更加具有针对性。

总之，规划好公司的战略，打造公司的差异性和专业性，能够为设计出一个适合公司的股权架构提供保障。

三、分别对钱和人定价

大部分公司都是按照出资多少来分配股权，但这样的分配方式没有体现贡献度的合理价值。下面通过一个案例对此进行说明：

赵某、梁某两人合伙开公司，后来钱某以投资者的身份加入公司。他们的股权比例是这样的：赵某出资 50 万元，占股 50%；梁某出资 30 万元，占股 30%；钱某出资 20 万元，占股 20%。

一年后，梁某提出离职，但希望保留股权，原因是公司没有规定股东离职后必须退股。这样一来，梁某没有参与公司后续经营，却占了 30% 的股权，这对参与公司后续经营的赵某和钱某来说是不公平的。

对此，最合理的解决方法就是谁创造价值、谁获得利益，即既要对钱定价，也要对人定价。资金只占合伙人全部股权的一部分，而剩下的部分应该分配给作出贡献的人。

按照公司的整体估值，上述案例中资金占股的比例应该控制在30%～70%，余下的份额可以对作出贡献的人进行激励。按照这样的分配方法，即使梁某在一年后离职，也只能保留一部分股权，并不会对公司造成很大的影响。

第三节 股权成熟与锁定

在股权架构设计中，股权成熟与锁定也是很重要的组成部分，甚至会影响投资者和创业者之间的关系。如果创业者没有设计完善的股权成熟与锁定机制，不仅会拖慢融资进程，还会引发矛盾，让投资者对公司失去信心，或者损害公司的利益。

一、成熟机制：股权必须分批兑现

俗话说："天下没有不散的筵席。"无论公司处于哪个发展阶段，都有可能面临股东退出的问题。虽然股东"中途退场"没有那么可怕，但前提是要处理好股权问题。股权成熟机制便是妥善解决股权问题的一种方式。

在股权成熟机制下，股东的股权会分批成熟，如每年成熟25%，如果股东中途退出，未成熟股权会以1元或最低价格转让给其他股东。股权成熟机制可以防止股东突然离开公司带走大部分股权的情况发生。

在融资协议中，股权成熟机制通常表述为以下内容：

只要股东持续为公司工作或出资，其所持有的全部股权自本协议生效之日起分四年成熟，每满两年成熟 50%。如果从交割日起四年内，股东从公司退出（不包括因为不可抗力退出的情况），应以 1 元的象征性价格或法律允许的最低转让价格将其未释放的股权转让给其他股东。

常见的股权分批兑现方式有四种：

（1）分期四年，每年兑现 25%。

（2）股东必须工作满两年，两年后兑现 50% 的股权，第三年、第四年分别兑现 25%。

（3）按照股东工作的年限逐年增加，即第一年 10%、第二年 20%，以此类推。

（4）股东必须工作满一年，一年后兑现 25% 的股权，剩下的股权每个月兑现 1/48。

这四种分期方式都直接或间接地规定了股东获得股权的条件之一是工作至少满一年，而工作的时间越长，能得到的股权就越多，这大大增加了股东的黏性。另外，股东在离职后，公司也能根据其工作年份计算回购的价格，避免了不必要的纠纷。

设立股权成熟机制对公司有两个好处：第一个是公平，有付出才有收获，坐享其成是不被允许的；第二个是有利于公司吸引新的且更有能力的人才。

二、锁定机制：防止投资者随意退出

股权锁定机制与股权成熟机制有异曲同工之妙，目的都是防止股东随意离开公司。在股权锁定期内，未经其他股东书面同意，股东不能向他人转让股权。当然，具体的股权锁定条件可以根据公司的实际情况自行设置。

在签署融资协议时，创业者要注意股权锁定条款的细节，以防自己被无故绑定。

吕明和刘杰一起创立了一家电商公司，为了拿到投资者的巨额投资，缺乏融资经验的他们没有经过充分考虑就签署了融资协议。随着合作上的矛盾越来越多，吕明递交辞呈，决定将自己的股权转让，然后通过二次创业实现自己的梦想。

融资时，吕明签字同意的融资协议中包含股权锁定条款，即在没有征得其他股东同意的情况下，吕明不能转让自己的股权，除非公司上市，但在激烈的市场竞争下，这家电商公司上市遥遥无期。

另外，融资协议中还有竞业禁止条款，要求吕明从离开公司开始直到不再持有公司股权两年内不能从事电商业务，这对吕明的打击是致命的，相当于让他的再次创业寸步难行。

股权锁定条款通常约定，未经全部或部分特定投资者许可，创始人在公司公开发行上市前不得转让自己的股权。

竞业禁止条款通常约定，公司的管理团队和核心技术人员离职后两年内，或从不再持有公司股权之日起两年内，不得从事与公司产生竞争的业务。

吕明因对条款的无知和疏忽签下的竞业禁止条款让他付出了巨大的代价，如果签署融资协议时，吕明对股权锁定的风险有所了解，并寻求专业人员的意见，将条款中的锁定期限适当缩短、明确竞业限制的范围，其境况也不至于如此尴尬。

对于投资者来说，股权锁定条款可以保护他们的利益；但对于创业者来说，股权锁定条款存在一些潜在风险。在签署时，创业者需要提前了解相关细节，避免让自己遭受损失。

第四节　案例分析：解读多样化的股权架构

对于全球范围内的公司来说，股权架构设计都是一个重要的问题。很多公司因此陷入经营困境，而有些公司则因为股权架构设计得好而获得了迅猛发展，延长了生命周期。本节以真功夫、海底捞、阿里巴巴、青山集团为例说明股权架构的重要性。

一、真功夫的股权架构分析

1990 年，潘宇海在东莞市长安镇开了一家甜品店。一段时间后，他的姐姐潘敏峰、姐夫蔡达标也加入其中。为了扩大经营范围，三人决定将甜品店转型，并更名为"真功夫"。凭借蒸品这一特色产品，真功夫获得了迅猛发展，成为全国连锁快餐品牌。然而，股权问题导致真功夫的估值不断缩水，公司经营和管理等工作一度停滞不前。

潘宇海及其姐姐、姐夫的股权分配比例是这样的：潘宇海占股 50%，姐姐、姐夫分别占股 25%。随着真功夫的扩张，三人没有按照实际情况对股权进行重新分配和调整。

2006 年，潘宇海的姐姐与姐夫协议离婚。由于潘敏峰主动出让了自己的股权，因此蔡达标掌握真功夫 50% 的股权，也就是说，潘宇海和蔡达标的股权比例相同。

2007 年，为了使真功夫早日上市，潘宇海和蔡达标决定融资，最终获得了中山联动和今日资本的投资。两家投资机构分别投资 1.5 亿元，各占 3% 的股权，而潘宇海和蔡达标的股权则均由 50% 摊薄到 47%，也就是说，二人的股权依然是相同的，均为 47%。

随后，蔡达标控股中山联动。他还聘请了一些新的经理人对真功夫进行管理，取代了之前的管理人员。至此，真功夫的股权发生了多次变化，变化路径见表 6-1。

表 6-1　真功夫的股权变化路径

关键节点	蔡达标股权	潘敏峰股权	潘宇海股权
蔡达标、潘敏峰离婚前	夫妻共同持有 50%		50%
蔡达标、潘敏峰离婚后	50%	—	50%
引入中山联动和今日资本（各占 3% 的股权）	47%	—	47%
蔡达标控股中山联动	50%	—	47%

实际上，潘宇海已经失去公司的控制权与决策权，这引起了潘宇海的

强烈不满，他和蔡达标之间的矛盾进一步升级。

最终，潘宇海重新获得了真功夫的控制权。真功夫的股权之争虽然落下了帷幕，但是此次股权之争给真功夫带来的负面影响却不是马上就可以消除的。

很多创业者都是与自己的朋友或者亲人一起创业，在创业初期，出于朋友或亲人之间的情谊，各位创始人往往会平分股权，但是，如果在公司发展壮大之后不重新分配股权，就极有可能导致种种不良后果。为了避免这样的情况，创业者需要在公司成立之初就制定明确的股权分配制度，并将其落到实处。

二、海底捞的股权架构分析

1994 年，四位年轻人在四川省简阳市开了一家只有四张桌子的小火锅店，这便是海底捞的前身。截至 2021 年，海底捞在全球范围内已经拥有千余家直营餐厅，并作为龙头餐饮品牌入选商学院案例。目前，海底捞还在不断扩张。

创建海底捞之初，现任海底捞董事长张勇没有花一分钱，8 000 元启动资金是由其他三个人筹集的。由于张勇是项目发起人，因此四个人股权均分，每人获得25%的股权。之后，四个人结成两对夫妻，形成两家人各占50%股权的局面。

随着海底捞发展壮大，张勇意识到股权架构存在的问题，于是开始说服另外三个人只做股东，不要参与公司管理。张勇的太太最先离开海底捞，随后另一股东施永宏的太太也离开海底捞。

2007 年，在海底捞走上发展快车道时，施永宏也离开了公司。在施永宏离开时，张勇与施永宏夫妇达成共识，以原始出资额的价格，从他们的手中回购了18%的股权，于是张勇成为拥有海底捞68%股权的绝对控股股东。

施永宏选择向张勇转让股权的做法是明智的，他曾公开表示，尽管自己的占股比例减少了，但是赚的钱并没有影响，而且有更多的时间和精力享受生活。张勇成为海底捞的控股股东后，对公司管理更加用心，海底捞的发展非常顺利。

后来海底捞的总收入一直维持不错的水平，其旗下子公司颐海国际控股有限公司成功在港交所上市。海底捞借助颐海，迈出了进军资本市场的步伐。同时，从海底捞拆分出来的蜀海也顺利上市，帮助海底捞创造了餐饮业的多项纪录。

在发展初期，海底捞的股权架构是有问题的，创始团队没有创业经验，因此选择了错误的股权均分模式。后来，张勇意识到股权分配问题之后选择回购施永宏夫妇的股权，才得以形成以自己为主、施永宏为辅的股权结构。

那么，如何评估公司的股权架构是否科学呢？可以参考以下标准，如图 6-3 所示。

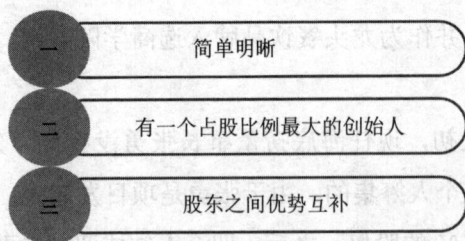

图6-3 科学的股权架构需满足的标准

第一，简单明晰。"简单"是指股东不要太多。对于初创公司来说，最科学的配置是三个人，这样在沟通方面会有缓冲地带。"明晰"是指股东数量和股权比例、代持人、期权池等要明晰。

第二，有一个占股比例最大的创始人。股东中应当有一个占股比例最大的创始人，也就是团队的"带头大哥"。如果团队中谁说话都算数或者谁说话都不算数，那么团队就是一盘散沙，不利于公司的长远发展，也会对投资者的收益产生很大影响。

第三，股东之间优势互补。初创公司的股东之间应当优势互补，例如，创始人不懂技术，但他的合伙人中不乏技术专家。

创始人作为商业领袖，要有独特的思维模式，能作出有远见的决策和战略布局，获得人才与资源的有力支持。

在其他合伙人专业能力互补下，创始人的优势才能体现出来，因此，创始人最好不要选择优势重叠的搭档，这样会造成资源浪费，还容易在同一专业领域引起分歧。另外，为了公司能够获得更好的发展，股权千万不能均分。

三、阿里巴巴的股权架构分析

在公司发展过程中，会有新股东加入。新股东的加入为公司注入新鲜"血液"，能够在一定程度上决定公司的发展方向，因此，在公司创立初期，创业者就要考虑这一问题，为后期加入的新股东预留股权。

2015 年 12 月，阿里巴巴宣布了一个重大消息：将新增四位股东，分别是阿里移动事业群总裁及阿里妈妈总裁俞永福、阿里巴巴集团副 CFO（Chief Financial Officer，首席财务官）郑俊芳、蚂蚁金服集团财务与客户资金部总经理赵颖以及阿里巴巴农村淘宝总经理孙利军，这四位股东的加入让阿里巴巴的股权架构出现了新的变动，也使阿里巴巴的业务有了新的发展。

阿里巴巴在发展的过程中，对于股权分配始终有着清晰的规章和制度要求，因此，阿里巴巴能够给新加入的股东合理分配股权。

创业者需要在前期预留充足的股权份额，这样在后期招揽人才时，才能拥有相对明显的优势：一方面，能够体现公司对人才的重视；另一方面，能够表明公司有发展壮大的规划，公司的发展会更上一层楼。

相反，如果创业者没有在前期预留股权份额，而是将公司的全部股权分配完毕，就会影响新股东的合作意向。另外，如果从其他股东手中收回股权，不仅费时费力，还会影响原股东的既有权利，对公司发展造成不良影响。

四、青山集团的股权架构分析

青山控股集团有限公司（以下简称"青山集团"）是世界500强的钢企，营收达到千亿元。青山集团在不断发展的同时，其股权架构也得到了很多人的关注。

青山集团成立于2003年，注册资本为28亿元，其共计拥有14个直接股东，其中2个公司股东合计持股35.2%，12个自然人股东合计持股64.8%，如图6-4所示。

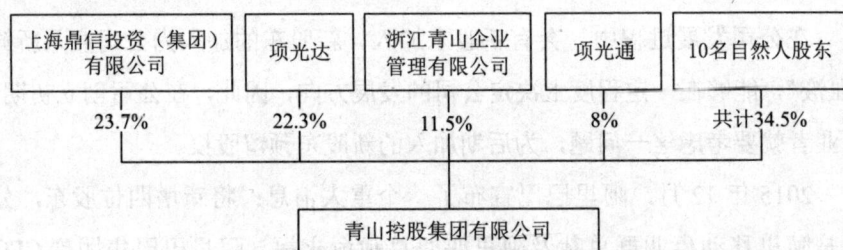

上海鼎信投资（集团）有限公司	项光达	浙江青山企业管理有限公司	项光通	10名自然人股东
23.7%	22.3%	11.5%	8%	共计34.5%

青山控股集团有限公司

图6-4 青山集团的股权架构图

如图6-4所示，从持股比例来看，上海鼎信投资（集团）有限公司（以下简称"上海鼎信"）为青山集团第一大股东，持股23.7%；第二大股东为项光达，持股22.3%；第三大股东为浙江青山企业管理有限公司（以下简称"浙江青山"），持股11.5%；第四大股东为项光达的弟弟项光通，持股8%。这四大股东的持股比例达到了65.5%，剩余的34.5%由10名自然人股东分散持有。

青山集团的第一大股东为上海鼎信，但项光达持有上海鼎信71.5%的股权，是其实际控制人，这意味着项光达通过直接持股与上海鼎信的间接持股，共计持有青山集团 46% 的股权，是实际意义上的第一大股东。同时，项光通持有浙江青山 80% 的股权，是其实际控制人，其通过直接持股与浙江青山的间接持股，共计持有青山集团 19.5% 的股权。兄弟二人共计持有青山集团 65.5% 的股权。

为了稳定这种兄弟持股的股权架构，兄弟二人在股权分配上进行了更深层次的绑定：在项光达实际控制的上海鼎信中，项光通持有该公司 16% 的股权；在项光通实际控制的浙江青山中，项光达持有 8% 的股权。这样一来，双方在各自分别控制的两家公司中担任股东，实现了相互参股和制衡。

青山集团的股权架构设计得十分巧妙，它通过相互嵌套持股的方式使核心股东的利益更加融合，同时能够实现一定程度的制衡。其他公司可以借鉴青山集团的股权架构方案，避免创业者和股东、股东和股东之间形成对立关系。

7

|第七章|

控制权维护：千万别把控制权弄丢

在融资过程中，投资者通过投资获得公司的股权，而创业者的股权则会随着投资者的加入被逐渐稀释。当股权被稀释到一定程度时，创业者会失去公司的控制权，甚至被"扫地出门"。为了避免这种现象，创业者要从公司章程、一致行动人协议、委托投票权等方面入手，维护自己的控制权。

第一节 维护招数一：从公司章程入手

公司章程相当于公司的"宪法"，在公司中占据核心地位。然而，很多创业者不重视公司章程，甚至有些创业者会直接将工商机关提供的章程范本作为公司章程，殊不知，这种做法会为后续的控制权问题埋下不小的隐患。

一、通过公司章程掌握控制权的技巧

公司章程对公司全体股东都具有强制约束性，因此，创业者能够通过对公司章程进行合理设计把握控制权，具体可以从以下几个方面入手：

1. 股东表决权

根据《公司法》的相关规定，股东应当按照出资比例对公司事项行使相应的表决权，但是公司章程另有规定的除外，这意味着即使《公司法》规定了同股同权，但是公司章程可以规定公司内部同股不同权。创业者在分配股权或增资扩股时，应该考虑公司的实际情况，合理地设计公司章程，避免控制权随着股权的稀释而稀释。

2. 股东分红权

同设计表决权类似，对股东分红权进行设计也是为了平衡各股东的利益，使创业者能够牢牢地把握公司的控制权。但在设计分红权时，创业者一定要征得全体股东同意。

3. 股东优先认缴权

公司增加资本时，股东应按照实缴出资比例优先认缴新增资本，但若公司章程作出明文规定，例如，允许创始团队优先认缴，则应按照公司章程处理，但这同样需要全体股东同意。

4. 股权转让、分割及继承

公司章程还应对一些特殊情况下的股权转让、分割及继承作出规定。《公司法》对有限责任公司的股权转让、分割和继承都作出了明文规定，但公司章程另有规定的除外，这样可以避免小股东联合起来通过股权转让夺取公司的控制权。此外，在对夫妻共有股权分割时，执法机关会优先依据公司章程处理，防止有人通过不法手段夺取公司控制权。如果公司章程明确规定股东死亡后，其股权由他人继承，那么继承股权者应向原本继承人支付股权转让费用。

5. 公司解散

虽然相关法律明确规定了股东起诉解散公司的四种情形，但是在现实生活中，在公司尚未达到这四种情形时，拥有较少表决权的股东想要尽快退出公司却无法进行股权转让。为了避免此类问题发生，公司章程可以规定具体的公司解散缘由，例如，公司连续亏损 5 年，公司连续 3 年无法召开股东大会、董事会等。

二、某初创公司的控制权之争

A 公司是一家主营国际货物运输业务的公司，由李某、徐某夫妻二人创立。在 A 公司创立之初，李某持股 80%，担任公司总经理、法定代表人和执行董事，负责公司的业务经营；而徐某则持股 20%，负责公司的财务管理。

我国法律规定，设立公司时必须先制定公司章程，而李某与徐某夫妻却认为公司章程并不重要，因此他们只是从网上随意下载了一份不设董事会仅设执行董事的公司章程模板，将其填好后进行了登记。

在随后几年中，A 公司业绩良好，李某决定引入新股东。于是他与齐某、刘某、钱某三人签署了股权转让协议，将自己名下 60% 的股权平均转让给 3 人，至此，A 公司由五位股东均分股权。但在齐某等三人支付股权转让款之后，李某并没有去工商部门办理股权变更，也没有在公司内部更新股东名册。

而后，李某与全体股东签署了《股东股权工商注册的补充协议》（以下简称《补充协议》），将其股权转让给其弟弟李某二，李某本人退出 A 公司。《补充协议》约定公司执行董事与法定代表人必须在李某和李某二中产生。之后，李某拒不承认齐某等三人的股东身份。齐某等人通过起诉夺回了自己应有的权利与股东身份。

2023 年，徐某、齐某等四人以 80% 的控制权召开临时股东大会，到场的四名股东（股东李某二并未到场）一致赞成罢免李某二的执行董事和法定代表人职位，选举徐某为公司执行董事、法定代表人及总经理，并对公司章程作出相应修改，至此徐某成为公司实际掌权人。

随后徐某等股东带着股东大会会议记录、决议与公司章程修订案，到市场监督管理局进行相应的变更登记。李某兄弟二人坚决不服从决议，向法院提起诉讼，认为公司临时股东大会违背了公司章程和股东协议，希望法院撤销临时股东大会决议。李某认为，一旦法院撤销决议，那么徐某等人的身份变更便失去法律依据，他也能重回公司，夺回控制权。

在 A 公司的控制权争夺战中，公司章程的模糊是引发矛盾的导火索。A 公司的公司章程所列举条例大都为《公司法》的内容，有些与该公司实际情况并不符合。李某夫妻二人没有对其进行细化、补充和替代，使公司自治没有相应的依据。

A 公司的公司章程没有对法定代表人以及公司的实际控制人作出明确说明。同时，公司章程对于股东大会表决方式的规定也含糊不清，具体表现在公司章程中的"决定应由全体股东表决通过"具有歧义：究竟决议是由全体参与表决的股东通过，还是由全体股东通过，即包括未到场的李某二。对此双方产生了激烈的争吵，而这也是矛盾的焦点。

由此可见，将公司章程的每个条例都设计得全面而精准非常重要。如果因为公司章程存在疏漏而引发股东后续对控制权的争夺，势必影响公司的稳定发展，因此，重视公司章程，在成立之初就设计合理、严谨的公司章程是公司发展的重中之重。

第二节　维护招数二：签署一致行动人协议

有了一致行动人协议，就相当于在股东大会之外又建立一个由部分股东组成的"小股东会"。在讨论某一事项时，"小股东会"会给出一个结果作为唯一对外的意见。如果有人作出相反的决策，或者违背一致行动人协议，其他签约人有权在法律允许的范围内对其实施惩罚。一致行动人协议有利于维护创业者对公司的控制权。

一、一致行动人是什么意思

一致行动人是指能够通过某种关系或协议约定，以非公司股东的身份对公司产生影响，参与公司日常经营的人。在实际的公司经营或投资中，一致行动人往往是夫妻，例如，海底捞的创始人张勇、舒萍夫妇；或父母与子女，例如，方太创始人茅理翔与茅忠群父子；或兄弟，例如，公牛创始人阮立平与阮学平兄弟。

除了天然的亲属关系外，公司股东还可以签署协议，成为合法的一致行动人。《上市公司收购管理办法》第八十三条第一款规定："本办法所称一致行动，是指投资者通过协议、其他安排，与其他投资者共同扩大其所能够支配的一个上市公司股份表决权数量的行为或者事实。"签署一致行动人协议的股东要在股东大会发起表决前事先商量，作出统一的决定，否则将被视为违约，会受到协议中的惩罚，如赔偿股份等。

但是非上市公司与上市公司关于一致行动人的界定存在一定差别，《上市公司收购管理办法》第八十三条第二款对上市公司"一致行动人"作出了界定："在上市公司的收购及相关股份权益变动活动中有一致行动情形的投资者，互为一致行动人。如无相反证据，投资者有下列情形之一的，为一致行动人：

（一）投资者之间有股权控制关系；

（二）投资者受同一主体控制；

（三）投资者的董事、监事或者高级管理人员中的主要成员，同时在另一个投资者担任董事、监事或者高级管理人员；

（四）投资者参股另一投资者，可以对参股公司的重大决策产生重大影响；

（五）银行以外的其他法人、其他组织和自然人为投资者取得相关股份提供融资安排；

（六）投资者之间存在合伙、合作、联营等其他经济利益关系；

（七）持有投资者30%以上股份的自然人，与投资者持有同一上市公司股份；

（八）在投资者任职的董事、监事及高级管理人员，与投资者持有同一上市公司股份；

（九）持有投资者30%以上股份的自然人和在投资者任职的董事、监事及高级管理人员，其父母、配偶、子女及其配偶、配偶的父母、兄弟姐妹及其配偶、配偶的兄弟姐妹及其配偶等亲属，与投资者持有同一上市公司股份；

（十）在上市公司任职的董事、监事、高级管理人员及其前项所述亲属同时持有本公司股份的，或者与其自己或者其前项所述亲属直接或者间接控制的企业同时持有本公司股份；

（十一）上市公司董事、监事、高级管理人员和员工与其所控制或者委托的法人或者其他组织持有本公司股份；

（十二）投资者之间具有其他关联关系。"

而非上市公司的股东可以通过签署一致行动人协议来确定一致行动人身份。

二、创始人如何使用一致行动人协议

一致行动人协议的形式多种多样，但其核心内容不会改变，那就是充分发挥一致行动人的优势，保护创业者对公司的控制权。例如，北京某互联网公司计划引进一笔融资，融资之后创始人梁某原本所持有的 51% 的股权将被稀释为 42%，而如果此后投资者恶意收购中小股东的股权，所持股权比例达到 51% 后，梁某将失去对公司的控制权。

为了避免这一后果，梁某决定整合控制权，于是召集几位公司的核心股东进行会议商讨。在达成一致意见后，梁某与几位股东签署了一致行动人协议。至此，梁某与签署协议的其他股东共同持有公司 53% 的股权，重新获得了公司的控制权。

通过以上案例可知，一致行动人协议有利于股东之间形成联盟，维护创业者的控制权。一致行动人协议比较适用于治理结构完善的公司，因为一致行动人协议适合开展长期的业务、进行长远的布局，有利于公司整体战略规划的落地。

三、一致行动人协议设计与签署

在签署一致行动人协议时，创业者需要保证协议的完整性，如果协议存在疏漏，那么日后出现问题时就难以追责或有效解决。具体而言，一致行动人协议的核心内容主要包括以下几个部分，如图 7-1 所示。

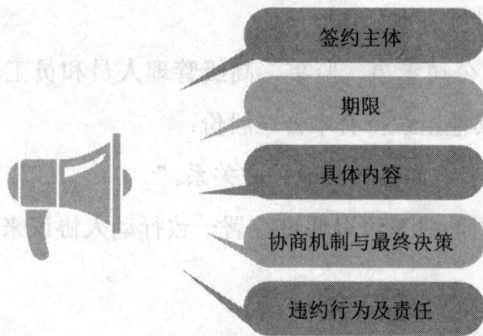

图7-1 一致行动人协议的核心内容

1. 签约主体

一致行动人协议的签约主体一般为公司的股东，签约的目的是明确股东的投票权。

2. 期限

一致行动人协议的期限由签约各方协商确定。

3. 具体内容

在一致行动人协议中，一致行动针对的是股东在公司股东会、董事会中的投票权。在不违反《公司法》规定和公司章程约定的前提下，各股东可以协商确定协议的具体内容。

4. 协商机制与最终决策

在协商机制方面，签署协议的各方应当提前就股东会或董事会决议中需要投票表决的事项进行协商，争取取得一致意见。在各方难以达成一致意见时，主要采取"一方决策制"形成最终决策，即以实际控制人的意见为准。

5. 违约行为及责任

如果签署协议的一方违反约定，擅自在股东会或董事会上行使投票权，就有可能给签署协议的其他股东造成重大损失。为避免或有效解决这一问题，各方应在一致行动人协议中明确各种违约行为及相应的违约责任。例如，当某股东违反协议约定擅自行使投票权时，该股东需要支付较高的违约金，弥补其他股东的损失。违约责任的明确除了可以保证各股东的利益外，还可以对股东产生威慑力，减少违约情况的发生。

以下为一个一致行动人协议模板，可以为创业者拟定一致行动人协议提供参考。

一致行动人协议

甲方（身份证号码）：

乙方（身份证号码）：

丙方（身份证号码）：

丁方（身份证号码）：

以下将甲方、乙方、丙方、丁方统称为"各方"。

鉴于：

（1）甲方为_____股份有限公司（以下简称"A公司"）的股东，占股____%；乙方为A公司的股东，占股___%；丙方为A公司股东，占股___%；丁方为A公司的股东，占股___%。

（2）为保障公司得到稳定的发展，减少股东因意见不合而浪费的时间、经济资源，提高公司经营、决策的效率，各方协商在公司股东大会中采取"一致行动"，从而达到高效控制公司的目的。

为此，各方经友好协商，对"一致行动"的事宜进一步明确以下条款：

1."一致行动"的目的

各方将在公司股东大会中行使表决权时保持目标一致、行为一致，以达成保障各方在公司中的控制地位的目的。

2."一致行动"的内容

各方在公司股东大会中保持的"一致行动"是指各方在行使下列表决

权时保持行为一致——

（1）提案保持一致。

（2）投票表决公司的经营计划和投资方案保持一致。

（3）投票表决制定公司的年度财务预算方案、决算方案保持一致。

（4）投票表决制定公司的利润分配方案与弥补亏损方案保持一致。

（5）投票表决制定公司增减注册资本的方案以及发行公司债券的方案保持一致。

（6）投票表决聘任或解聘公司经理，并根据经理的提名，聘任或解聘公司副经理、财务负责人，决定其报酬事项保持一致。

（7）投票表决公司管理机构的设置保持一致。

（8）投票表决制定公司的基本管理制度保持一致。

（9）假如各方中任意一方无法参加股东大会会议，须委托其他方参加会议并代为行使投票表决权；若各方均无法参加股东大会会议，则须共同委托他人参加会议并代为行使投票表决权。

（10）行使在股东大会中的其他职权时保持一致。

3.“一致行动”的延伸

（1）若协议各方意见无法统一，各方则依据___方的意向行使表决权；

（2）协议各方承诺，若某一方将自己所持本公司的全部或者部分股权对外转让，则受让方需要同意继承本协议所协商的义务并与其余各方重新签署本协议，股权转让方能生效；

（3）如果任何一方违反以上任意一条承诺，则必须按照守约方的要求将其全部权利与义务向守约方进行转让。守约方也可以要求将违约方的全部权利和义务转让给协议外的第三方。

4.“一致行动”的期限

自_____年_____月_____日起，至_____年_____月_____日止。

5.变更或解除协议

（1）本协议自各方在协议上签字盖章之日起生效，各方在协议期限内应按照约定履行协议义务，若要变更本协议条款需经各方协商一致且采取书面形式重新签署协议。

（2）在期限之前解除本协议，需各方协商一致。

以上变更和解除均不得损害各方在公司中的合法权益。

6.争议的解决

本协议出现争议时，各方需要通过友好协商解决。如果协商无效，则应将争议提交给＿＿＿仲裁委员会按仲裁规则解决。

7.本协议一式＿＿＿份，各方各执＿＿＿份，具有同等法律效力。

签署各方：

甲方（签字）：

乙方（签字）：

丙方（签字）：

丁方（签字）：

签约日期：＿＿＿＿＿年＿＿＿＿月＿＿＿＿日

第三节 维护招数三：行使委托投票权

委托投票权就是通过签订协议，让创业者把股东的表决权控制在自己手中。签订委托投票权协议后，股东的表决权就转让给创业者，但股东依然享有分红权、增值权和处置权等多项权利。

一、为什么委托投票权可以控制公司

根据我国相关法律规定，无法或者不愿出席股东大会进行投票的股东，可以通过签署书面协议，将自己所持股票的投票表决权委托给某一特定股东行使。例如，京东商城发行上市前，11 位投资者将投票权委托给刘强东代为行使，这使得个人持股约占 20% 的刘强东通过老虎基金、高瓴资本、今日资本等投资者的委托协议掌握了超过 50% 的投票权。

委托投票协议还有另一个重要作用：促使公司实际控制人完善公司治理机制，防止他人争夺公司控制权。美国国际联合电脑公司（以下简称"CA 公司"）是一家全球知名的电脑软件公司，但是这家公司的董事会在 2001 年差点被小股东推翻。

CA 公司原本的实际控制人王嘉廉是创始人兼董事长。从 1999 年开始，CA 公司业务停滞不前，股东对王嘉廉的不满达到极点。由此，怀利向股东们发起了重组董事会的提议。

根据美国法律，持有 0.3%CA 公司股权的怀利只需要收集足够多的股东委托书，就有权利对 CA 董事会进行改组。怀利的行动得到了积怨日久的股东的支持，这部分股东与以王嘉廉为代表的董事会所拥有的股权相当。但最后由于部分小股东对怀利的方案持怀疑态度，因此王嘉廉以微弱的优势保住了 CA 公司的控制权。虽然怀利并未成功推翻王嘉廉，但此次行动使王嘉廉开始自省，从而推动了公司内部治理制度的完善。

委托投票权的根本目的是维护持股者的自身权益，实现其自身诉求。通过委托投票的形式争夺公司控制权，无论成功还是失败，都是对控制人或者董事会的决策进行约束的重要手段。

二、新北洋如何行使委托投票权

新北洋是一家上市公司，主营业务是智能设备的研发、生产、销售和服务。成立时，新北洋的大股东为北洋集团，其持股比例达 34.27%。之后，为了能够更好地开展业务，新北洋进行了两次增资，北洋集团对新北洋的控制权随着股权的稀释而减少。增资结束后，北洋集团所持股权比例仅为 13.71%。

北洋集团对新北洋的绝对持股比例降低所带来的后果是控制权的不稳定。为了避免出现争夺控制权的局面，在又一次增资扩股之后，北洋集团试图与新股东联众利丰签署授权委托书，希望联众利丰能将投票表决权等权利委托给自己行使。

联众利丰在经过股东大会的表决后，向北洋集团出具了授权委托书。协议约定：联众利丰将所持 2 000 万股股权的股东表决权、股东提案权、董监事提名权等权利委托给北洋集团行使，委托期限为 5 年。而股权所带来的收益权以及对股权的处置权，均由联众利丰自己行使，并且联众利丰承诺在新北洋上市 36 个月之内不会将其所持发起人股权转让。

自签署之日起，新北洋共召开 10 次股东大会，北洋集团依据联众利丰的委托书依法行使了相应的股东权利。从结果来看，新北洋的控股股东依旧是北洋集团。在不改变股权架构的基础上，北洋集团通过委托投票权的合法使用，成功获得对新北洋的实际控制权。

但并非所有委托投票权都能够让渡对公司的控制权。例如，ST 安通公司的实际控制人郭东泽，将自己所持占 ST 安通总股本的 29.99% 股权对应的表决权委托给诚通湖岸行使。在签署授权委托书后，诚通湖岸的股东张晓琳成为 ST 安通的实际控制人。

但在证券交易所依法核实该份授权委托书的真实性之时，双方再次签署了补充协议。补充协议中规定，郭东泽对 ST 安通董监事任免、提名等重大事项仍有控制权，授权委托书不构成实际控制人变更的事实。

因此，授权委托书中的内容能否落到实处，还需要有关机构的依法监督和管理。否则，突发和随意的投票表决权转让会造成公司控股股东不稳定，在实际控制人认定方面也会存在一定争议。对于投资者来说，随意地委托表决权和变更实际控制人，可能会损害他们的权益；对于创业者来说，控股股东的频繁变动对公司的长远发展必然产生不好的影响。因此，有关委托投票权的协议签署，创业者和投资者都要慎重对待。

第四节　维护招数四：发行优先股

优先股指的是股东享有优先权的股票，这类股票在分配盈利和剩余财产时通常优先于普通股。换言之，与普通股股东相比，优先股股东在分配盈利和剩余财产时可以享受优先权，而且其股利是固定的，风险比较低。

一、发行优先股的条件和要求

在实施优先股的公司中，优先股股东会通过放弃部分权利，如选举权、投票权、表决权等，换取优先于普通股股东分配盈利和剩余财产的权利。因为优先股股东的权利比较少，所以创业者可以通过发放优先股的方式掌握公司的控制权。

发行优先股的具体要求如下。

1. 对发行主体的要求

公开发行优先股应该符合以下四种情形：

（1）普通股为上证 50 指数成分股；

（2）以发行优先股作为支付手段收购或合并其他公司；

（3）以减少注册资本为目的回购普通股，可以发行优先股作为支付手段；

（4）在回购方案实施完毕后，可发行不超过回购减资总额的优先股。

2. 对财务状况的要求

公司发行优先股时，财务状况要达到一定的条件：最近 3 个会计年度应该连续盈利；最近 3 年现金分红情况应该符合公司章程及证监会的相关规定；最近 3 个会计年度的年均可分配利润不能少于优先股 1 年的股息。

3. 对公司章程的要求

发行优先股的公司应该在公司章程中规定以下事项：

（1）采取固定股息收益率；

（2）如果有可以分配的税后利润，必须向优先股股东分配这些利润；

（3）如果未向优先股股东足额派发股息，差额部分应该累积到下一会计年度发放；

（4）优先股股东获得股息，便不再与普通股股东一起分配剩余利润。

4. 对发行规模的要求

发行优先股的公司，筹资金额不得超过发行前净资产的 50%。

5. 对募集资金投向的要求

公司发行优先股，募集资金必须有明确的用途，而且用途要与业务范围、经营规模相符，同时还要符合产业政策和环境保护相关规定。

最重要的一点是，公司在发行优先股前，需要由保荐人保荐，并向证监会提出发行申请，发审委员会通常会对此申请进行审核。公司可以要求一次审核，分批发行优先股。如果发行申请通过，公司应该在 6 个月内首次发行优先股，剩余优先股则需要在 24 个月内发行完毕。

二、优先股适合哪些公司

虽然优先股有很多优势，但不是所有公司都适合发行优先股。从理论上来说，以下几种公司比较适合发行优先股：

1. 净资产收益率高、盈利能力强、现金流比较充足的公司

净资产收益率高、盈利能力强、现金流比较充足的公司主要有银行、大型上市企业等，这些公司要谋求发展，就必须不断融资以补充资金，或者在证券市场上定向增发股票，但这些股票具有交易性质，会对证券市场产生一定的影响。优先股通常不会在二级市场上流通，不会对二级市场产生冲击。

优先股的发行对象主要是大型投资机构或知名投资者，普通投资者较少获得优先股。与发行次级债券相比，优先股没有固定的到期日，能够使需要融资的公司获得稳定的资金来源。

2. 现金流暂时有困难的公司

现金流暂时有困难的公司可以通过发行优先股解决此问题。投资者在购买了公司的股票后，可以获得丰厚的利润，而公司也借此渡过了现金流难关。但需要注意的是，此类优先股往往会附加转股、回购等条件。

在美国金融危机期间，巴菲特以 50 亿美元的价格购买了高盛集团的优先股，此优先股就附加了普通股认购权，这样巴菲特不仅帮助高盛集团解决了现金流问题，他旗下的伯克希尔哈撒韦公司也获得了丰厚的优先股收益，以及一部分转让普通股认购权的收益。综合地看，此次投资的年回报率超过了 30%。

3. 处于创业期、发展初期的公司

处于创业期或发展初期的公司，股票价格通常比较低。如果这些公司发行了优先股，就可以在不稀释创业者控制权的情况下顺利完成融资。

4. 进行并购重组的公司

对于进行并购重组的公司来说，优先股可以作为收购资产或换股的支付工具，从而推动并购重组工作更顺利地进行。

在公司发展过程中，大多数创业者都既想通过发售股票的方式将公司

做大、做强，又害怕丢失对公司的控制权，于是，他们就在分股与分权之间徘徊和纠结，从而错失了融资良机。发行优先股可以帮助他们解决此问题，让他们在获得资金的同时还能拥有公司的控制权。

三、刘强东通过优先股控制京东

京东早期轮次融资发行的股份是"可转可赎回优先股"，性质介于股权融资和债权融资之间，具体条款由京东与投资者灵活商定，包括是否支付利息、转股条件以及每个时期可以转多少、有没有投票权等。2007 年至2010 年，京东一共发行了 A、B、C 三轮"可转可赎回优先股"。

京东 A 轮融资的投资者为今日资本。在此轮融资中，京东发行了 1.55 亿份"A 类可赎可转优先股"，附带 1.31 亿份购股权。

京东的 B 轮融资由今日资本、雄牛资本及梁伯韬联合投资。在此轮融资中，京东了发行 2.35 亿份"B 类可赎可转优先股"，融资 2 100 万美元。

C 轮融资的投资者为高瓴资本，京东发行了 1.78 亿份"C 类可赎可转优先股"，融资 1.38 亿美元。

上述三轮融资为京东带来 1.69 亿美元的现金流。由于早期估值低，今日资本在 A 轮融资中获得的优先股占京东总股本的 30%。如果今日资本将这些优先股全部转股，那么刘强东的控制权有可能已经旁落。在不转股的情况下，今日资本可享受大约 8% 的年息。

投资者接受优先股是有条件的，首先就是信任刘强东本人。今日资本集团的创始人徐新说："把创业者喂饱，他才能舍命奔跑。"徐新与刘强东第一次见面，两个人便一见如故。徐新认为刘强东是一匹黑马，当刘强东开口要 200 万美元的资金时，徐新给了他 1 000 万美元。

除了在 A 轮融资中投入 1 000 万美元，今日资本还在京东后续融资中加投。在京东上市前，今日资本共持有京东 7.8% 的股权，按照京东上市时 286 亿美元的市值计算，其股权价值超过 22.3 亿美元，投资回报率达到 100 倍。今日资本投资京东 7 年获得 100 倍的投资回报，这个榜样效应，为京东之后顺利融资奠定了坚实基础。

另外，投资者还看重京东过往几年的业绩及资金使用效率。正因为京东的销售业绩一直非常不错，今日资本才有信心通过可赎可转优先股投资 1 000 万美元。后来京东的销售额一路飙升，这不仅是高瓴资本投资 1.38 亿美元的前提，也是京东成功融资的主要原因。

8

|第八章|

风险规避：不要让股权成为隐患

随着公司的不断发展和业务规模的进一步扩大，投资者数量很可能会有所增加。当投资者越来越多时，股权设计与分配的难度越来越高，其中的风险也逐渐显露。在这种情况下，创业者必须及时识别并规避股权风险，保护自身利益。

第一节　警惕股权陷阱

如今，市场朝着多元化的方向发展，创投圈鱼龙混杂，股权陷阱越来越多。一些新手创业者融资经验不足，一不小心就掉入股权陷阱。如何规避股权风险，警惕股权陷阱，成为创业者必须重视的问题。

一、给小股东分配大量股权

公司中很可能出现这样的情况：某个股东拥有的股权很少，但决策权很大，这就会导致公司出现小股东称霸的情况。

例如，某公司刚创立时只有张某和曹某两个股东，其中，张某占股51%，曹某占股49%。后来为了增强公司的市场竞争力，公司引进了一个技术人才王某，王某希望获得公司的股权。

张某和曹某经过多次商议，最终决定每人拿出2%的股权给予王某。如此一来，张某、曹某二人的股权就分别变成49%和47%，而王某拥有4%的股权。从表面上来看，王某的股权比较少，是一个小股东，但在很多决策中，王某却能够发挥关键作用。

对于一项公司事务，如果张某和曹某的意见一致，则很快就能落实。一旦二人在同一件事情的决策上持相反意见，那么王某的意见就至关重要。股权重新划分之后，张某的持股比例下降到51%以下，不再具有相对控制权，而曹某与王某的持股比例相加正好是51%。在这种情况下，王某掌握了决策权。

如果其他股东的股权相加超过51%，那么创业者的控制权和决策权就会受到严重影响，小股东的权利反而大幅提升，这会给公司的正常经营带来很大隐患。因此，创业者应该注意，在给小股东分配股权时，应保证自己的控制权，切忌将决策权交给小股东。

二、在分配股权时只考虑出资情况

在分配股权时，很多创业者都认为按资入股是最合理的，即根据出资多少确定股权比例，这样的股权分配方案虽然容易操作，但有一定的不合理性。

A、B、C 三位创始人想创立一家公司，需要启动资金 1 000 万元。A 投入 500 万元，拥有 50% 的股权；B 投入 300 万元，拥有 30% 的股权；C 投入 200 万元，拥有 20% 的股权。

从表面上来看，这样的股权分配方式非常合理，但没过多久，不合理的情况就开始出现了。A 不仅投入 500 万元，而且负责公司的运营，B 和 C 只是投入资金，不参与公司运营与管理。

不过，B 和 C 还是按照出资比例获得了股权，拿到了分红。久而久之，A 的不满情绪越来越强烈。从出资的角度看，三人确实应该按照 5：3：2 的比例分配股权，但从人力的角度看，股权的分配不应该只考虑出资，还应该考虑股东为公司所作的贡献。

对于公司来说，人力不仅是一种资源，还是促进公司发展的强大动力，所以在分配股权时，创业者的视野不能过于狭窄，要综合各方面因素作出科学、合理的决策。

三、公司引进了大量股东

一些公司为了积累更多的资源和人力，会通过众筹的方式引入大量股东，但是，股东众多的股权架构暗含诸多风险，并不利于公司的长久发展。

张某是某公司的创始人，其公司拥有大约 100 位股东，这些股东大多数都有自己的本职工作，投入该公司的时间和精力十分有限。在公司创立之初，股东的积极性都很高，也愿意处理公司事务，但是时间一长，这些股东要处理自己的工作，无暇顾及公司的运营和发展，对于公司事务经常推诿，导致公司运转不畅。而张某分身乏术，很难一人撑起整个公司。于是，经过一年的艰苦支撑，该公司不得不以失败告终。

在上述案例中，张某的公司股东众多，但是没有明确各股东的职责，管理混乱，最终导致公司难以为继，这表明股东众多的股权架构十分不利于公司的长期发展。

具体而言，公司股东太多主要有以下两个弊端：

一方面，股东太多会增加决策成本。如果公司只有三名股东，那么股东之间达成一致意见较为容易，决策也能够快速落地。而如果公司有五十名股东，每名股东都有表决权，那么决策的流程很长，需要的时间也更多，同时，这样的股权架构也容易激化股东之间的矛盾。如果各股东将精力用于相互博弈而忽视了自己的职责，那么将对公司的发展造成阻碍。

另一方面，股东太多可能导致公司管理混乱。由于股东过多，公司的权责分配更加困难，可能存在权责不一致或者权责不清的问题，造成公司管理混乱，不利于公司的长期发展。

因此，创业者要避免公司股东太多这一问题。如果公司在发展过程中已经引入了太多股东，那么创业者一定要厘清各股东与公司之间的关系，明确各股东的职责。另外，并不是所有的股东都要参与公司的管理，创业者可以在这方面与各股东达成协议，从而控制参与决策的股东的数量。

四、缺少完善的退出机制

彭某是一名资深的舞蹈老师，2022 年 4 月，她创办了一所舞蹈培训机构。后来机构发展良好，她又引进了两位新股东。按照综合贡献分配股权，彭某持股 60%，两名股东各持股 20%。由于平日里三人的关系十分要好，因此三人只签署了一份简单的股权协议书，明确了各自的持股比例和职责，并没有约定退出机制，而这为之后机构的运营埋下了隐患。

起初三人分工合作，机构的发展非常迅猛。然而，由于市场竞争激烈，机构的招生与盈利情况并不理想。经过了几个月的努力，也收效甚微。

其中一名股东逐渐丧失了信心，要求退出。三人沟通无果后，彭某与另一名股东只好同意这名股东退出。但由于三人签署股权协议时没有约定退出机制，彭某只好对当时机构的财产状况进行结算，并以相应比例退还该股东的资金份额。机构因此陷入资金短缺和运营危机中，不久便倒闭了。

在分配股权时，很多创业者出于对股东的信赖而没有对退出机制加以明确，而这往往会将辛苦创立的公司逼上绝路。正如上述案例所示，一名股东提出退出，由于没有约定退出机制，彭某与另一位股东只能同意其无条件退出，这对机构造成了致命打击。如果三人在创业之初就约定了退出机制，在退出条款的限制下，股东不会轻易退出，或者即使股东退出了，也会依照退出条款作出补偿。

由此可见，在分配股权时，创业者不仅要明确不同股东的权责，还要约定退出机制，以限制股东的中途退出行为，促进公司的长远发展。股权协议中的退出机制主要包括以下几个方面：

（1）约定期限。对股东处置其股权约定一定的期限，例如，股东自持股之日起三年内不得进行股权转让、股权赠予、股权担保等。

（2）约定合理的股价。在协议中约定限制期满后股东退出时股权转让的价格，如根据股票溢价确定价格、根据公司净资产值确定价格等。

（3）完善股权退出程序。股东退出时要履行通知义务，向公司提交退股声明，而公司要履行告知义务，并及时将退股的股东除名。

（4）设置违约条款。为防止股东在合约期限内擅自退出，可以设置相应的违约条款，以保证其他股东的应得利益不受侵害。

第二节 常见风险及规避措施

股权设计是一件十分严谨的事，如果创业者没有注意其中的细节，很可能会引发风险，阻碍公司向前发展。例如，没有关注股权法律手续、股权代持等都会引发风险。

一、没有关注股权法律手续

即使公司有完善的股权设计方案，但如果只是口头协议，而不以股权协议书的形式落实，那么不仅会导致股东之间职责不明、相互推诿，还会影响利益分配的公平、公正，不利于公司的长远发展。为此，在制定好股权设计方案后，创业者一定要整理一份详细的股权协议书，明确各股东的职责、利益分配、退出机制等。

下面是一份股权协议书模板，可以为创业者拟定股权协议书提供参考。

股权协议书

甲方：   住　址：

身份证号：   联系电话：

乙方：   住　址：

身份证号：   联系电话：

一、公司管理及职能分工

1. 公司设董事会，董事会成员由甲、乙双方组成，经选举_____为董事长，_____为董事，任期均为两年。

2. 聘任_____为公司总经理，负责公司整体的日常运营和管理，具体职责包括：

（1）办理公司设立登记手续；

（2）根据公司实际运营需要有计划地招聘员工；

（3）审批日常事项（涉及公司发展的重大事项，财务审批权限为____元人民币以内，超过该权限数额的，须经甲、乙双方共同签字认可，方可执行）。

3. 聘任_____为公司副总经理，具体负责：

（1）对另一方的运营管理工作进行必要的协助；

（2）检查公司财务工作；

（3）监督另一方是否尽职尽责。

4. 重大事项处理

遇有如下重大事项，须经由董事会达成一致决议后方可进行：

（1）拟由公司为股东、其他公司、个人提供担保的；

（2）决定公司的经营方针和投资计划；

（3）《公司法》第三十七条规定的其他事项。

二、盈亏分配

1. 利润和亏损，甲、乙双方按照实缴的出资比例分享和承担。

2. 公司税后利润，在弥补公司前季度亏损，并提取法定公积金（税后利润的10%）后，方可进行股东分红，股东分红的具体制度为：

（1）分红的时间。每季度第一个月第一日分取上个季度利润。

（2）分红的数额。上个季度剩余利润的60%，甲、乙双方按实缴的出资比例分取。

（3）公司的法定公积金累计达到公司启动资金的50%以上，可不再提取。

3. 转股或退股的约定

（1）转股：自合同签订起_____年内，股东不得擅自转让股权。自第_____年起，经其他股东同意，一方股东可进行股权转让，此时未转让方对拟转让股权享有优先受让权。

若一方股东将其股权转让予其他股东导致公司性质变更的，转让方应负责办理相应的变更登记等手续，若因该股权转让违法导致公司丧失法人资格的，转让方应承担主要责任。

若拟将股份转让予第三方的，第三方的资金、管理能力等条件不得低于转让方，且应另行征得未转让方的同意。

转让方违反上述约定转让股权的，转让无效，转让方应向未转让方支付违约金_____元。

（2）退股：一方股东，须先清偿其对公司的个人债务（包括但不限于该股东向公司借款，该股东行为使公司遭受损失而须向公司赔偿等）且征得其他股东的书面同意后，方可退股，否则退股无效，拟退股方仍应享受和承担股东的权利和义务。

4. 增资

若公司储备资金不足，需要增资的，各股东按出资比例增加出资，若全体股东同意也可根据具体情况协商确定其他的增资办法。若增加第三方入股，第三方应承认本协议内容并分享和承担本协议下股东的权利和义务，同时入股事宜须征得全体股东的一致同意。

甲方（签章）：   乙方（签章）：

签订时间：_____年_____月_____日

二、股权代持背后的隐患

股权代持指的是实际出资人向公司出资，但不将自己登记为公司的股东，而是委托他人，即名义股东作为公司各类文件中登记的股东。名义股东虽然没有出资，但拥有股东权利并履行股东的义务。这种模式虽然便于公司引入新股东，但也存在以下风险。

1. 来自股权代持协议的风险

来自股权代持协议的风险包括两个方面：一方面，协议在设计上不符合法律规定，导致协议无效；另一方面，股权代持协议涉及的目标公司注销、破产，影响股权代持的实现。

2. 来自名义股东的风险

来自名义股东的风险表现在三个方面：第一，名义股东自身有外部债务，将代持股权作为担保，这样一来，代持的股权有可能面临被处分的风险；第二，名义股东收到出资款后，没有将出资款注入公司，侵占实际出资人的资产；第三，公司将投资收益先转给名义股东，名义股东没有支付给实际出资人。

3. 来自实际出资人的风险

《公司法》第三条第二款规定："有限责任公司的股东以其认缴的出资额为限对公司承担责任；股份有限公司的股东以其认购的股权为限对公司承担责任。"实际出资人按股权代持协议中约定的金额认缴出资，如果实际出资人拒绝出资，名义股东就必须承担出资义务。

4. 来自第三方的风险

来自第三方的风险比较复杂，存在四种情形：第一，名义股东的代持股权被债权人申请了强制执行，这样代持股权就可能被第三方处分；第二，名义股东离婚或去世，其继承人要求处分代持股权，这样代持股权也可能被第三方分割；第三，名义股东自身涉及清算，代持股权可能被纳入清算资产中，被抵债处理；第四，实际出资人想要成为公司的股东时，如果公司内部其他股东行使优先购买权，可能会影响实际出资人顺利显名登记。

对于上述四种风险，实际出资人可以采取以下三种预防策略。

1. 选择合适的代持主体

针对名义股东恶意侵占财产等问题，实际出资人需要选择可信的代持主体。实际出资人可选择的可信代持主体有以下四类：第一，信用等级佳的代持主体；第二，经济活动不频繁的代持主体；第三，自然人；第四，近亲属、朋友。

2. 签署完善的股权代持协议

签署完善的股权代持协议非常重要，股权代持协议不仅要明确名义股东与实际出资人的责任、权利、义务，还要约定违约责任和纠纷处理办法。

3. 代持合同履行期间的监督

除了完善协议外，协议的监督和落实也非常重要。股权代持的周期一般比较长，中间会发生许多变化，实际出资人需要监督名义股东履行代持义务和行使权利的情况，以规避股权代持可能引发的风险。

三、西少爷：缺少决策者带来风险

西少爷曾是市场中十分火爆的一个肉夹馍品牌，但因为其成立之初的股权设计方案不完善，导致后期创业团队的矛盾，公司的发展一度停滞。

在品牌创立之初，西少爷的创业团队有三个人，分别是孟兵、宋鑫、罗高景，他们的持股比例分别为40%、30%、30%。门店开业之后，凭借营销优势，西少爷获得了快速发展。随后西少爷获得了不少投资者的关注，估值一度突破4 000万元。创业团队中的三人也有意引入投资，扩大业务，然而，就在引入投资、协商股权的过程中，创业团队之间的矛盾被彻底激化了。

在日常工作中，孟兵负责品牌营销，罗高景负责店面运营，宋鑫负责供应链管理。在决定引入投资者后，孟兵以团队CEO的身份和投资者沟通投资事项。依照最初设计的股权架构，西少爷团队中没有一个明确的决策人。

在这期间，为了便于融资之后的团队管理，孟兵提出要拥有3倍的投票权，宋鑫和罗高景对孟兵的这一要求都表示不能接受。经过多次协商，罗高景同意孟兵拥有 2.5 倍的投票权，而宋鑫却始终不同意。

为了解决这一问题，尽快与投资者签署合约，孟兵提出以 27 万元收购宋鑫手中 28% 的股权，使其保留 2% 的股权，宋鑫没有同意。宋鑫提议每年签一份协议，按公司估值的一定折扣价转让部分股权，孟兵没有同意。

因股权纷争，西少爷团队很难作出统一的决策，公司的发展受到影响。最终，团队之间的矛盾彻底爆发，在股东会议上，经大股东投票，宋鑫被迫离开公司管理层。

以上案例存在严重的股权架构问题，为创业者设计股权架构作出了警示。一方面，平均化的股权架构不可取，一旦股东之间发生矛盾，就很容易形成僵局，创业者一定要保证自己的控制权和决策权；另一方面，在创业之初，股东之间就要约定退出机制，避免日后退出时，因退出条款不明而引起纷争。

第三节　低风险的新型动态股权模式

股权分配通常有两种模式：静态股权模式、动态股权模式。静态股权模式虽然简单，但随着公司的发展和公司规模的扩大很容易出现问题，因此，创始人要学会"化静为动"，及时引进风险比较低、更能适应市场变化的动态股权模式。

一、什么是动态股权模式

静态股权模式的弊端很明显。公司在创立初期过早地切割股权，在后期很容易出现部分股东认为自己的贡献与收益不对等的情况，其导致的后果是，这些股东要么消极怠工，要么公司矛盾激化、陷入僵局。公司内部不能维持平衡，如何获得更好的发展？

动态股权模式的核心是，股权比例不是一次性确定的，而是根据公司的发展不断调整。在动态股权模式下，股东的股权会随着所作贡献的增加而增加，作出贡献较少的股东，甚至有可能被"清退"。

动态股权模式的依据是各股东的贡献，而股权调整的难点就在于如何衡量股东的贡献。衡量股东的贡献需要综合考虑资金、资源、管理等公司发展要素，然后根据人员分工确定价格，以此计算股权比例。需要注意的是，动态股权模式是动态的，在具体操作过程中，股权分配的比例、时机、价格都可以是变化的。

二、里程碑设计：适合的就是好的

里程碑是公司发展过程中重要的进度点，可以作为明确股权比例的依据，创业者可以通过设置里程碑达到动态分配股权的目的。比较常用的里程碑有两个，分别是产品研发突破某一困境和销售额、盈利、用户数量达到某一数值。

1. 产品研发突破某一困境

创业者在设置里程碑时，应该考虑公司所处发展阶段及公司类型。例如，产品导向型公司需要根据产品研发、市场推广等情况设置里程碑。某公司的一个里程碑就是产品成功研发并通过测试，这意味着，该公司十分重视产品研发以及产品何时突破困境。

如果产品研发的里程碑顺利达成，那么负责研发的股东有资格得到与贡献相匹配的回报。

2. 销售额、盈利、用户数量达到某一数值

除了产品研发情况外，销售额、盈利、用户数也可以作为里程碑。

例如，某公司的里程碑有以下三个：

里程碑一——产品连续 3 个月销售额达到 X 万元；

里程碑二——产品持续盈利，市场占有率达到 Y%；

里程碑三——做好产品的宣传和推广，用户数量达到 Z。

针对不同的里程碑，创业者需要衡量不同的部门和投资者的贡献，并据此为其分配股权。对于公司而言，每一个里程碑都代表着一份"心血"，都是一步一个脚印逐渐达成的。动态股权分配能够激励股东发挥更大的积极性，给予股东"只要努力就可以获得"的等值回报，从而促进整体效率的提升，推动最终愿景的实现。

三、记录并分析各方所作贡献

随着公司不断发展，各方对公司所作贡献的价值也在发生变化，创业者需要对贡献进行记录，以公平分配股权。对于公司来说，投资者投入资金是一项非常重要的贡献，但除此以外，还有一些贡献也不能忽视，具体如下。

1. 工作时间

投资者对公司最重要的贡献是工作时间，因为即使公司具备丰富的物质资源，但没有人经营，公司也不会有所发展。估算工作时间价值的方法很简单，创业者只需参考当前人才市场的通用工资标准即可。

2. 办公场所

有些公司只需要一间办公室，有些公司还需要仓库或店面，这些都是必不可少的财务开支。如果投资者能够提供场地，就相当于为公司节省了这部分财务开支，公司应该给投资者却未给的场地租金就是投资者的贡献。需要注意的是，多余的场地和不以营利为目的的场地往往不能算作贡献。

3. 创意

可以作为贡献的创意，是指经过反复思考与研究最终形成的成熟的商业方案，或初步想法已落实进入开发阶段的原始产品。想出一个创业主意不难，难的是将这个主意转化为实际的商业方案，这个转化过程需要做大量的前期工作，这些工作是投资者为公司作出的贡献。

4. 专用技术或知识产权

专用技术或知识产权属于无形资产，是公司发展的关键因素。如果投资者能为公司提供此类资产，创业者应该参考市场价值将其折算成投资者对公司的贡献；如果投资者不是转让而是授权公司使用该专用技术或知识产权，那么许可费可以看作其对公司的贡献，创业者可以按照公司该给却未给的费用进行折算。

5. 可用于公司经营的人际资源

在发展过程中，公司需要一些人际资源，有些投资者正好能为公司提供该资源，节省公司建立人际关系的成本。创业者可以从人际关系带来的收益出发，采用不同的折算方式。例如，投资者的人际资源帮助公司实现了融资目标，公司应该向其支付一定的佣金，这部分该给却未给的佣金可以作为投资者对公司的贡献。

除了上述几种贡献外，公司可能还需要一些短期资源，这些资源如果能帮助公司健康发展，那么也可以作为投资者对公司的贡献。

下篇

讲透融资实操技巧

9

|第九章|

融资造势：将公司和项目推广出去

在融资时，为了将公司和项目推广出去，让更多投资者知道，创业者需要借助一些活动宣传造势。要想做好造势活动，关键在于找到合适的渠道，包括线上渠道、媒体渠道、路演渠道、IP 渠道等。

第一节　线上渠道：打造你的影响力

互联网时代，线上渠道作为主流渠道，受到创业者的欢迎。为了充分利用这个渠道，创业者可以通过 SEO、社交平台等方式宣传公司和项目，吸引投资者的关注。

一、通过百度做SEO

在融资过程中，SEO（Search Engine Optimization，搜索引擎优化）会发挥一定的作用，帮助创业者提高公司在网站上的排名，让投资者看到项目信息。另外，SEO 还能很好地解决流量问题。例如，创业者可以通过了解搜索引擎排名机制，对与公司相关的内部及外部因素进行调整，使项目更频繁地出现在投资者面前。

搜索引擎排名通常与四类关键词息息相关，包括核心业务词、长尾词、地域词和竞品词，SEO 主要就是对这四类关键词进行优化。创业者还要了解影响 SEO 流量成交的五大要素，如图 9-1 所示。

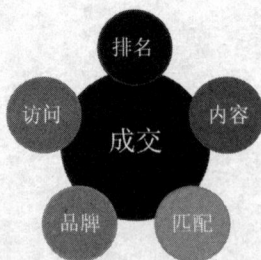

图9-1　影响SEO流量成交的要素

网站流量来源于关键词被投资者搜索时能看到目标网站，从而产生点击浏览、咨询。网站排名越靠前，被投资者看到的概率越大。

优质内容就是对投资者有帮助且投资者浏览无障碍，没有误导性的内容。创业者要想吸引投资者的关注，就要发布这样的内容。

匹配就是投资者在搜索关键词时进入的页面与 URL（Uniform Resource Locator，统一资源定位器）匹配，即"所看即所需"。关键词匹配主要包括三种方式：短语匹配、精确匹配以及广泛匹配。关键词匹配的最终目的是为公司带来流量，但要注意淘汰无效流量。

品牌是一种文化现象，其内涵来源于公司文化。SEO 对于品牌排名同样适用。

SEO 的目的主要是提高项目在搜索引擎中的可见性和竞争力，吸引更多投资者点击访问。

SEO 是一项技术性工作，需要相关人员以理性的思维进行处理。在进行 SEO 之前，创业者最好建立一个战斗力极强的 SEO 团队，专门负责提升公司和项目在搜索引擎上的排名。

二、社交平台传播与推广

移动互联网时代，社交平台逐渐崛起，吸引了一大批人。创业者应该多关注社交平台，定期在社交平台上发布项目进展，宣传自己的产品和品牌，让更多投资者看到这些信息。

知乎是当下比较热门的社交平台，其目标群体偏向年轻化，大多是一些高学历的白领，且集中在消费能力高的一、二线城市。知乎的广告位分布在推荐页、问题页、回答页、关注页四个板块，流量质量高，用户比较理性。房产家居、金融、教育培训、旅游等行业的公司可以在知乎上投放内容，以吸引对这些行业感兴趣的投资者。

除了知乎外，今日头条也是一个比较不错的社交平台，它不仅是一款基于数据的推荐引擎产品，也是进行资讯类信息流广告投放的最大平台。

它的算法比较成熟，支持关键词定向，可以快速锁定对项目感兴趣的投资者，比较适合理财、生活消费、游戏等行业的公司。

论坛是一个免费的内容社交平台，其投放形式包括跟帖、发帖、回答问题等，但是该平台的用户对广告比较敏感，所以公司更适合通过产品测评或分享项目经验等软推广方式吸引投资者的关注。

三、月蚀动漫是如何为项目造势的

月蚀动漫成立于 2017 年，是一家动漫提供商，专门针对女性提供作品，其提供的漫画包括原创动漫作品和漫改（网文改漫画）作品。目前，月蚀动漫已经上线了多部作品，受到了动漫界"鼻祖"快看漫画的青睐，进行了多轮价值数百万元的融资。

月蚀动漫创始人有丰富的动漫工作经验，也有比较强大的获取融资的能力。2017 年，他就在各类平台上宣传《月沉吟》，受到了很多动漫迷的欢迎，也获得了快看漫画等投资者的关注。《月沉吟》上线仅一周，点击量就突破 1 亿次，3 个月内收藏超过百万次。

为了推广某作品，他以此作品为核心打造了一段动漫短视频，在抖音、快手、微视、微博等平台发布。仅在抖音，这个作品就获得了超过 10 万个点赞，为月蚀动漫带来了一大批抖音粉丝。

月蚀动漫的团队不断壮大，已经拥有 40 多位成员，包含编剧、三维建模师等多个职位。经历多轮融资后，月蚀动漫继续走精品化路线，不断推出更高质量的作品。此外，月蚀动漫重点把控题材选取工作，在题材多元化方面进一步探索。

第二节　媒体渠道：充分发挥背书效应

在信息大爆炸的背景下，媒体在投融资界的影响力不容小觑，这为创业者使用媒体渠道提供了非常好的条件。创业者可以让记者为项目背书，或者让媒体为公司"站台"，这样可以在短时间内吸引更多投资者，推动融资顺利完成。

一、与记者联系

在需要媒体报道时，很多创业者想到的第一件事就是找记者。在与记者联系后，有些创业者因为记者报道了公司创办过程、融资过程等新闻就产生自满情绪。很多时候，记者可能只报道了此类新闻，之后就不再对公司的其他优势进行报道了。因此，创业者不能只关注记者报道新闻带来的短暂流量井喷期，而应该找到一种可以持续吸引记者关注的方法，与记者维持长久、稳定的合规工作关系。

例如，创业者可以主动为记者提供一些新闻信息源，帮助他们联系更多专家，这也有利于提高公司的媒体曝光率，帮助创业者积累社交资源。

张伟是一家公司的创始人，近期需要进行融资造势工作。他想在某杂志上发布一篇文章，讲述自己的创业经历，吸引潜在投资者。于是，他在网上搜索了这家杂志的记者，与记者取得了联系，提供了感兴趣的信息。

在之后的一段时间里，张伟一直和记者保持联系，记者就读者感兴趣的方面在杂志上发布了几篇相关的文章。最终，张伟成功获得了 500 万元融资，公司蒸蒸日上。

可见，与记者建立联系非常重要，记者的报道可以帮助创业者尽快找到合适的投资者。

二、找到与公司匹配的优质媒体

随着互联网的发展，各式各样的媒体不断增多，但是权威性良莠不齐，因此，在进行融资造势工作时，创业者需要做的一件事就是对媒体的综合情况进行考量，选择优质的媒体发布内容，具体可以从以下几个方面入手，如图9-2所示。

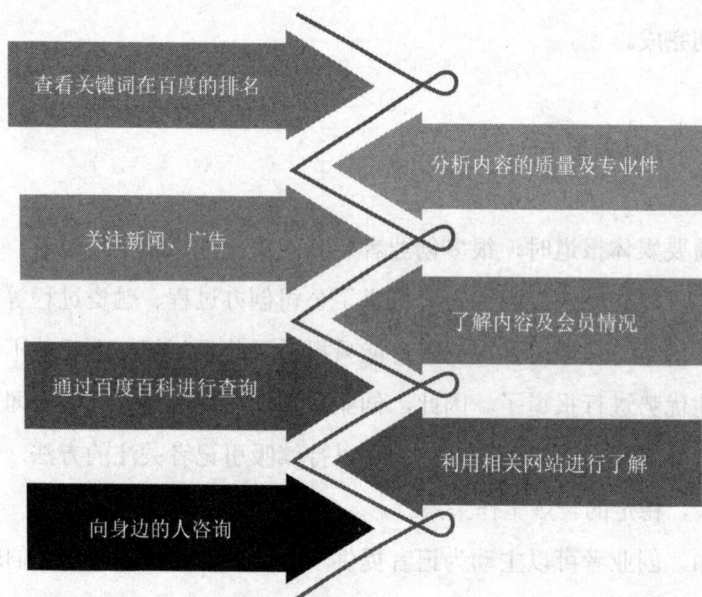

图9-2　考量媒体的关键点

1. 查看关键词在百度的排名

在大多数情况下，权威性较强的媒体在百度中的排名靠前。搜索关键词后，创业者可以查看媒体的排名，如果排名比较靠前，就说明其具备一定的权威性，创业者就可以放心地把内容发布在上面。

2. 分析内容的质量及专业性

一个具备权威性的媒体通常比较专业，其发布的内容质量非常高，例如，逻辑清晰、排版工整、用图规范等。相反，如果一个媒体发布的内容质量很差，而且还存在复制、抄袭的现象，那么这个媒体的权威性往往不强。

3. 关注新闻、广告

一般权威性比较强的媒体，经济实力不会太差，有充裕的资金打广告，如果创业者可以在网上看到某家媒体的广告，那么该媒体的权威性就有一定的保障。此外，如果媒体与明星有合作，例如，邀请明星代言、参与活动等，也可以表明媒体具有专业性和影响力。

4. 了解内容及会员情况

如果一个媒体足够有实力，那么其内容更新速度很快，会员活跃度也会很高。以今日头条、搜狐、新浪为例，这些媒体的内容更新得非常快。

5. 通过百度百科进行查询

实力比较强的媒体在百度百科有官方词条认证，因此，创业者可以借助词条的介绍和浏览量来考量媒体的权威性。

6. 利用相关网站进行了解

百度搜索、百度知道、新浪微博、百度新闻、论坛等网站都是了解媒体的渠道，如果某媒体没有问题，也不存在虚假信息，那么该媒体在上述渠道的评价不会特别差，甚至会有很多好评。

7. 向身边的人咨询

如果媒体具备足够的专业性，而且知名度比较高，那么创业者身边的人也会对其有所了解。如果创业者无法判断某个媒体是否靠谱，不妨向身边的人咨询，然后再结合自己的经验作出最终判断。

三、媒体类型：网媒+自媒体

媒体有很多种，创业者不一定要将这些媒体全部纳入媒体矩阵，而应该根据公司的实际情况进行选择和取舍。目前此类媒体主要有网媒和自媒体两种。

1. 网媒（以电脑、手机、iPad 等为载体的媒体）

网媒在打造影响力方面有一定的优势。例如，传播范围广，很多投资者都可以看到；内容多样化，可以在文章中插入音频、视频、图片、超链接等内容；成本低，除了人力成本、域名等费用外几乎不需要其他费用；保存时间长，只要公司不删除文章、搜索引擎不屏蔽文章，投资者就可以永久性地看到文章。创业者可以自行选择是否需要借助网媒发布内容，以达到宣传公司和项目的目的。

2. 自媒体（网媒的一个细分单元，由个人打造的媒体）

从罗辑思维、一条等知名自媒体受到关注开始，自媒体便迅速崛起，成为与网媒并列的媒体。

格力董事长董明珠就有专属自媒体，涉及公众号、微博、今日头条等多个平台。"董明珠自媒体"自上线以来就成为董明珠宣传自己和格力的重要阵地，她会定期发布参与的社会活动以及对直播带货等时下热点的看法，也会发布一些日常生活照片。

"董明珠自媒体"完善了董明珠的个人形象，弘扬了格力的品牌口碑。通过"董明珠自媒体"，投资者能够看到董明珠的个人魅力，也可以感知格力的未来发展前景。

媒体行业越来越开放，创业者打造自己的媒体矩阵，公司和项目就可以被更多媒体报道，对于投资者的吸引力也就越大。

第三节 路演渠道：新时代的造势玩法

路演是创业者与投资者见面的绝佳机会，在见面过程中，创业者要让投资者对公司和项目产生深刻的印象，并产生深入了解公司和项目的想法。那么，创业者应该如何开展一场精彩绝伦的路演呢？下面就针对这个问题进行详细讲述。

一、"5W1H"原则助力路演顺利完成

举办任何活动都要做好策划，路演也不例外。在实际操作时，创业者可以通过"5W1H"分析法对路演进行策划。

1. Why（为什么，即路演目的）

路演目的就是创业者为什么想开展路演。答案显而易见，即宣传项目，获得投资者的投资，但不同轮次的融资路演有不同的重点，例如，天使轮融资路演的重点是介绍产品；C轮融资路演的重点是介绍公司的运营现状和发展前景，让投资者了解公司在市场上的竞争力。

2. What（干什么，即路演主题）

路演主题是路演精华的呈现，即通过简短的表达，把路演内容直白地告诉投资者。大多数路演都是以介绍商业计划书、与投资者就相关问题进行讨论等为主题。

3. Who（谁，即路演对象）

如果创业者没有明确路演对象，那么路演很可能会失败。当明确了参与路演的投资者都是谁，并掌握这些投资者的兴趣点后，路演就可以有不错的效果。

4. Where（在哪里，即路演地点）

路演地点，即路演在哪里举行。之前的路演大多在线下开展，而随着技术的进步和互联网的发展，如今路演也可以在线上开展。例如，创业者和投资者可以通过视频会议的形式进行路演，双方在线上对商业计划书的某些细节进行确认和商议。

5. When（什么时候，即路演时间）

在选择路演时间方面，投资者通常掌握主动权，其确定时间后提前通知创业者。当然，也可以由创业者自行选择，投资者按时参加路演。

6. How（怎么做，即路演方式）

路演方式和路演对象、路演地点都有关系，例如，投资者的年龄、兴趣、偏好会影响路演方式，创业者要选择符合他们特性的路演方式。在路演地点方面，如果是在线下开展路演，那么创业者可以将路演环节设计得全面一些；如果是在线上开展路演，则可以一切从简。

对于创业者来说，参加路演并介绍项目已经是家常便饭，掌握"5W1H"分析法会在路演时更加游刃有余。

二、如何在路演中掌握好节奏

要想完成一次精彩绝伦的路演，创业者必须在路演时精准掌控节奏。那么，创业者应该如何做呢？具体可以从以下三个方面着手：

1. 灵活运用肢体语言

安世亚太创始人的路演有与众不同的魅力，即使关掉声音，其肢体动作仍然可以吸引投资者的目光。他在介绍项目时，很少原地不动，往往在台上踱步，而且，即使需要坐在椅子上完成介绍，他也会不断指点、挥舞、打手势，这样不仅可以更好地突出其观点，还可以进一步强化语言表达效果。例如，他会借助手部动作来讲述自己不太了解的事情；会用摊手的姿势表明自己不精通花言巧语；会通过握拳来展示自己的决心和信心。

2. 对重要信息进行重复

除了肢体语言外，这位创始人也精通重复的技巧。例如，在讲述营销策略时，他多次提及"最好的产品总是那些被用户认可和多次使用的产品"，这样的重复并不多余，反而可以发挥重要作用。通过各种各样的方式对某些信息进行重复，可以让投资者充分感知其重要性，同时也有利于为投资者留出理解其意义的时间。

3. 适度体现幽默

这是一个比较有幽默感的人，他的语言风格十分有趣。例如，他特别喜欢用自己的短处开玩笑，总是强调自己不了解技术、自己并不聪明。自嘲是幽默的一种，不仅可以对投资者产生吸引力，还可以使投资者在路演过程中感到轻松、愉悦。

但过度幽默会产生一些不好的作用，例如，很可能给投资者留下轻浮、不认真的不良印象，因此，在路演时，幽默一定要适度，否则会产生反作用。

三、解读小米的超级路演之道

小米一直很受投资者的欢迎，之所以如此除了小米拥有良好发展前景外，还得益于小米精通路演之道。小米曾经推出一部名为《一团火》的内部纪录片，该纪录片主要展示了小米的创业故事，内容涵盖低价手机对行业产生冲击、小米迎来发展转机等事件。

视频路演以视频为载体，小米把想表达的内容通过视频的方式向投资者展现出来，具有以下几点优势。

1. 视频路演让品牌更强大

与文字、PPT、图片等相比，视频能够更立体、多维度地展现品牌精神和品牌形象，让投资者对品牌有深刻的印象。小米把自己的发展历程整理成视频，向投资者传播，有利于更全面地宣传其自身口碑，促使投资者作出正向的投资决策。

2. 视频路演让渠道更广

小米将视频发布在抖音、爱奇艺、优酷等视频平台，人们可以转发、点赞、评论，这样小米获得了更广泛的传播，聚集了更多流量。

3. 视频路演让互动更多

由于视频是从多个维度展示品牌，因此创业者和投资者互动的场景比较多。例如，雷军可以对投资者的提问进行回答，打消投资者的疑虑。

总之，视频是一个很实用的路演利器。小米通过《一团火》内部纪录片，完成了一次成功的视频路演，其他公司可以学习和借鉴。

10

投资者管理：合作伙伴贵精不贵多

投资者管理是一个技术活，投资者与创业者理念相同，就能加快融资进程。如果投资者与创业者意见不合，那么创业者在决策时会受到掣肘，甚至会导致项目失败。由此可见，在融资时选择正确的合作伙伴是非常重要的。

第一节　哪里更容易找到投资者

在竞争激烈的市场中，融资的项目很多，但找到合适的投资者的概率很低。为了高效地完成融资工作，创业者必须知道哪里更容易找到投资者，然后主动与投资者接触。

一、初期融资：与家人、朋友合作

在初期融资阶段，寻求家人、朋友的帮助是最容易获得投资的一种方法。对于创业者来说，与家人、朋友合作的背后凝聚了亲情、友情，虽然他们不会像专业投资者那样要求创业者有精准的商业模式与准确的财务报表，但他们也希望可以知晓一些事情。以下是创业者在找家人、朋友融资时需要注意的六个重点：

（1）不要害怕开口要钱，但说话要注意分寸；

（2）要乐观，表现出尊敬；

（3）展示创业进度和取得的成果；

（4）不要期望筹到很多资金，只需筹到创业所需的资金即可；

（5）要沟通风险，签订协议；

（6）展示公司或项目的增量价值。

从家人、朋友处融资简单许多，但创业者切忌把家人、朋友当作唯一的创业融资来源，专业的天使投资者也可以成为第一笔融资来源。

二、关注创业孵化平台

创业孵化平台有很多知名的大众创业导师、天使投资者，他们会举办一些由项目发起人报名参与的路演。路演由创业孵化平台主持，创业者负责对项目的市场前景、商业模式、团队情况等进行讲解，导师、投资者会与之交流、探讨。

与商业计划书追求全面、详尽不同，创业孵化平台的路演追求简单、高效。下面是参加创业孵化平台路演的四个经验，供创业者学习和借鉴，如图 10-1 所示。

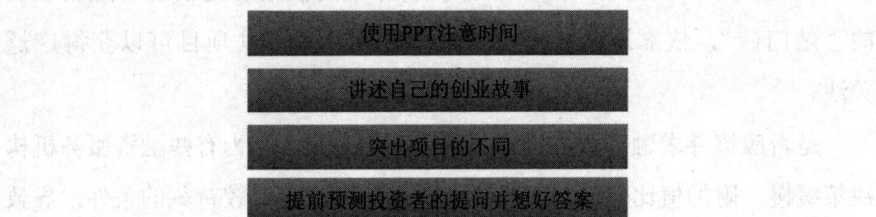

使用PPT注意时间

讲述自己的创业故事

突出项目的不同

提前预测投资者的提问并想好答案

图10-1　参加创业孵化平台路演活动的四个经验

1. 使用 PPT 注意时间

一般路演都会用到 PPT，展示 PPT 的时间必须控制在 5 分钟左右，不能超过 10 分钟。

2. 讲述自己的创业故事

与 PPT、数字之类的信息相比，故事对投资者的吸引力更大，创业者可以把自己的创业故事讲给投资者听，这样更能引起投资者的关注。

3. 突出项目的不同

在大众创业的潮流下，每个人都可以做的项目已经无法吸引投资者，如果创业者的项目极具特色、与众不同，更容易获得投资者的青睐。

4. 提前预测投资者的提问并想好答案

如果投资者提问的问题创业者之前没有考虑，创业者往往难以给出完满的答案，因此，创业者要对投资者可能提出的问题心中有数，提前想好答案，回答时不卑不亢，给投资者留下好印象。

三、寻求融资服务机构的帮助

专业的融资服务机构是创业者与投资者的纽带，可以很好地将二者连接在一起。融资服务机构有丰富的经验，对大部分投资者了如指掌，可以给创业者介绍投资者。融资服务机构介绍的投资者是创业者融资成功的"敲门砖"，依靠这些投资者的名气，创业者及其项目可以获得广泛关注。

是否应该寻求融资服务机构的帮助存在争议，因为有些融资服务机构决策缓慢，附加值比较低，而且还会向创业者提出比较苛刻的条件，导致创业者在下一轮融资中举步维艰。

需要注意的是，在寻求融资服务机构帮助之前，创业者应该对它们的声誉做一些调查，因为它们在未来很可能成为创业者的合作伙伴，很可能会影响项目甚至整个公司的发展方向。

第二节　最优投资者的三大特质

为了让融资更顺利，也为了节省不必要的时间和精力，创业者应该提前了解投资者，尽量与人品好、优秀的投资者合作。下面介绍了最优投资者的三大特质，创业者不妨以此为基础与投资者进一步接触。

一、勤奋，始终精力充沛

有些投资者希望通过自己的勤奋获得更高的回报，也希望自己可以比其他投资者更优秀，对于创业者来说，这样的投资者是极具价值的合作伙伴。

一位著名风险投资人精准掌握并善用时间的品质在业内出名，往返国内和国外，他不需要调整时差，无论身在国内还是国外，他都会工作到深夜。

互联网垂直招聘网站"哪上班"的联合创始人与他是大学校友。联合创始人表示，他的这位同学是著名的工作狂，一天只睡三个小时，经常开会到大半夜，在酒店游泳后只睡两三个小时就起来继续开晨会。

对于深夜工作的情况，投资人的朋友和员工已经习以为常了，例如在酒店开会到晚上十点多后，继续精力充沛地投入下一场会议。

在投融资界，创业者对投资者的争夺异常激烈，而投资者对早期优质项目的争夺也越来越激烈。加上 BAT（百度、阿里巴巴、腾讯）等巨头公司的战略投资布局，投资者都开始将投资重心前移。投资者付出越来越多的时间和精力，力求投资更优质的早期创业项目。

顶尖投资者可能在深夜十一二点和创业者见面。创业者可以思考自己遇到的投资者是否很勤奋，有无充沛的精力，创业者可以把这样的投资者作为潜在投资者。

二、熟悉行业且形成自有体系

投融资市场风云变幻，投资者只有掌握更多知识，了解更多规律，对行业形成自己的独特看法，才能挖掘好项目，为创业者提供帮助。想要了解投资者是否对行业有深入了解，创业者需要与他们沟通，向他们请教问题，通过他们的回答判断他们是否真的有能力。

例如，创业者询问投资者"您平时关注哪些领域"，投资者可能会回答"移动互联网、物联网、大数据、智能硬件，都关注"。投资者的回答会尽可能地笼统，以防错失好项目，但对于创业者来说，笼统的回答没有参考价值，无法有效判断投资者的专业度。

如果投资者足够专业，那么会对行业进行详细分析，向创业者展示他想要投资的诚意。对于大型投资机构，创业者可以从组织结构上判断其是否专业。一些投资机构有专属的市场营销部门，还有专门负责处理外部信息和投资组合的部门。

对于创业者来说，投资机构中处理外部信息的部门可以帮助创业者完成新闻发稿等工作；而处理投资组合的部门则对行业有更深入的了解，可以帮助创业者优化公司各个部门之间的组合，使它们互相促进、共同提升。所以，在遇到优秀的投资机构时，创业者要把握住机会。

三、从心里热爱投资

如果一个人不热爱自己正在做的工作，那么很难将工作做得出色，尤其是投资这种非常考验人性、智力、实践经验的工作。如果投资者对投资这项工作缺少发自内心的热爱，可能就不会用心对项目进行长期的跟踪和分析，无法真正为创业者排忧解难。

AA 投资创始人曾表示：做天使投资是很苦、很累的一件事，那么为什么我们还愿意去做这样的事呢？收益是肯定会考虑的因素，还有很核心的一点：源于热爱。

AA 投资参与投资了很多天使轮的 TMT（Telecommunication、Media、Technology，电信、媒体、科技）项目，如云帐房、兜行、DailyCast（一款提供个性化推荐的移动短视频应用）等。AA 投资之所以投资云帐房，是因为未来机器人有可能替代人工；之所以投资兜行，是看中项目在公司培训学习方面带来的新思路，有助于"00 后"员工快速融入公司；之所以投资 DailyCast，是希望给 to C（to consumer，面向消费者）带来快乐。

如果创业者可以遇到一个热爱投资行业而不是单纯为了获得投资回报的投资者，那么一定要抓住机会，争取获得他的投资。

第三节　配合投资者进行尽职调查

尽职调查又称谨慎性调查，是投资者与创业者达成初步合作意向后，双方协商一致，投资者对相关重要事项进行调查的一系列活动。尽职调查有"三板斧"：业务尽职调查、财务尽职调查、法务尽职调查，创业者要了解这"三板斧"，积极配合投资者的工作。

一、业务尽职调查

在进行业务尽职调查时，投资者希望可以知道更多关于业务的有效信息。业务尽职调查是尽职调查的核心环节，财务尽职调查与法务尽职调查都围绕它展开。一旦有了公正、严谨的业务调查报告，投资者就能以此为依据作出更有利于自己的投资决策。业务尽职调查的内容主要包括以下几项。

1. 一切从了解公司的基本情况开始

在进行业务尽职调查时，公司的基本情况是非常重要的一部分，具体包括管理团队、产品／服务、市场、资金运用、风险分析等多个方面。投资者可以与公司相关人员谈话，深入了解公司的基本情况，并据此对公司的业绩以及可持续经营能力进行分析和评估。

2. 分析行业发展方向，识别公司潜力

通过对行业发展方向的调查，投资者可以更好地了解公司的发展潜力

和成长空间，这部分调查主要包括市场规模、监管政策、竞争态势和利润水平四个方面。以利润水平调查为例，投资者会分析成本利润率、产值利润率、资金利润率、销售利润率、工资利润率等一系列指标，判断公司的利润空间有多大。

3. 明确经营状态——用户、供应商、竞争对手

通过对目标公司的经营状态进行调查，投资者能够对用户、供应商、竞争对手等情况有深入的了解。例如，在竞争对手方面，投资者会明确目标公司竞争对手的数量，了解目标公司所处行业的市场竞争激烈程度。

4. 调查股权，了解公司股权风险

股权调查的重点包括股权变更及相关工商变更情况、控股股东 / 实际控制人的背景等。以调查控股股东 / 实际控制人的背景为例，首先，投资者会了解目标公司的股权结构，找出主要股东，搜集相关资料，如持有的股权比例、负责的主要业务、资产状况如何等；其次，了解目标公司与主要控股股东或实际控制人之间的业务往来情况；最后，了解主要控股股东或实际控制人对目标公司的发展提供了哪些支持，包括资金支持、研发支持、技术支持等。

二、财务尽职调查

财务尽职调查主要是对公司的财务情况进行调查，通常涉及财务报告、盈利与资产事项、主要财产审核等方面。财务尽职调查由投资者负责，创业者需要配合其工作。

1. 提供详细的财务报告

财务报告是投资者了解目标公司财务状况及经营成果的有力途径，包含公司资产负债表、利润表、现金流量表、所有者权益变动表、附表及会

计报告附注和财务情况说明书等。一份完整的财务报告可以帮助投资者了解公司近年来的财务状况，并预测公司未来的发展趋势。

2. 审核现金流、盈利和资产等事项

投资者在投资前会对公司的现金流进行统计，剔除利润中带有"水分"的因素，以便更全面地了解公司的财务状况，判断公司的盈利情况。创业者要配合投资者审核现金流，为其提供必要的文件和资料。

公司的盈利能力是各利益相关者密切关注的内容，也是投资者作出投资决策的重要依据。在尽职调查过程中，创业者要向投资者提供盈利数据，将可以展现自身盈利能力的文件都展示给投资者，如用户体量、月度营业额、年度营业额、年度财务报告等。

除了现金流和盈利能力外，投资者还会对公司的资产进行考察。一般资产越多，公司产生经济效益的能力越强。在财务调查过程中，创业者要让投资者充分了解公司的资产，为投资者提供相关资料，帮助投资者预测公司能为其带来的投资回报。

3. 向投资者展示土地使用权等主要财产

投资者在进行尽职调查时会对土地使用权等主要财产进行审核，创业者要积极配合投资者完成这些审核。土地使用权等主要财产权的审核主要分为以下五个方面：

（1）审核土地的使用类型（划拨、出让），判断其获取是否合法；

（2）审核受让、自建、租赁、出租等房产是否证件齐全；

（3）审核在建工程的手续是否完备、施工是否合规、工程是否存在负债等情况；

（4）审核机器设备等固定资产是否进行过登记；

（5）审核财产保险的种类是否全面，公司是否已经缴纳全部费用。

三、法务尽职调查

完成业务尽职调查和财务尽职调查，投资者能够对公司有一定的了解，但无法确定公司是否存在法律问题。为了避免风险、加快投资进程，投资者会对目标公司进行法务尽职调查。投资者一般会从以下几个方面入手对目标公司进行法务尽职调查：

1. 了解公司现状及历史沿革情况

投资者对公司现状及历史沿革情况的调查通常分为九个方面：公司大体情况、历史沿革、项目审批、营业执照、印章及银行账户、外商投资机构批准证书、经营范围、注册资本、资产评估报告。创业者应该提前准备好相关资料，以提升调查效率。

2. 提前核实股东与出资情况

在调查股东与出资情况时，投资者往往会从以下九个方面入手。创业者要充分了解这九个方面，配合投资者以更高的效率完成调查：

（1）出资协议与合资协议中是否有隐名股东、是否有股权代持的情况，找出实际控制人与关联交易，协议是否与公司章程、营业执照的内容一致；

（2）出资方式是否存在限制出资的情况；

（3）非货币资产出资：配合投资者调查政策性限制、估价和转移；

（4）股东是否依据法律或约定履行了出资义务；

（5）法定公积金是否按规定提取，是否违法分配利润；

（6）股权转让是否违反法律或约定的股权转让限制，如外资公司股权转让的特殊规定；

（7）是否存在股东向公司借款或抽逃出资问题；

（8）股东出资、股权转让、增资、减资的股东会、董事会决议是否有未尽事项和争议；

（9）出资瑕疵及责任。

3. 向投资者展示重大事件

为了让投资者充分了解公司是否合法经营，尽可能规避投资风险，创业者要向投资者展示重大事件，配合投资者对重大事件进行审核，具体包括重大债权与债务，业务合同与借款合同，诉讼、仲裁或行政处罚，交易授权合法性等。

第四节　如何与投资者谈判

在融资过程中，创业者和投资者会就一些重要问题展开谈判。投资者会为自己争取更多特权，而创业者也会积极维护自身和原有股东的利益不受损害。谈判是创业者与投资者博弈、寻求利益平衡的过程。

一、知己知彼才能谈判成功

在与投资者见面前，创业者必须充分了解公司和项目的情况，做到"知己"，以便更好地应对投资者提出的问题，但是与"知己"相比，"知彼"，即对投资者进行相关调查更重要。例如，创业者可以先和投资者交换名片，再去网上查询与他相关的信息，尽量细化到他在此行业属于什么级别、专注于哪些领域等。

如果网上没有投资者的信息，创业者也可以直接询问投资者是否了解所处行业，以及对所处行业的关注程度。下面通过一个案例进行说明。

北京一家公司的创始人张某，尽力收集曾投资与其公司类似的公司的投资者名单、邮箱、联系方式等信息，并将之整理到一张 Excel 表格里，然后有针对性地跟这些投资者接触。如果张某盲目寻找不匹配的投资者，不仅会浪费很多时间和精力，还需要付出很高的成本和代价。如果身边的朋友接触过自己看中的投资者，创业者一定要向朋友"取经"，例如，向朋友询问投资者的类型，其选择项目时重点关注团队、产品还是数据等，这样可以更有针对性地做准备。

二、把谈判当作面试看待

有这样一个形象的比喻，创业者和投资者的见面就像一次面试，在交流过程中，创业者可以跳出甲方和乙方的关系，对投资者作出自己的判断。作为乙方的创业者，既要谦逊，也要自信，没有必要刻意降低自己的身份去迎合甚至讨好投资者，否则，在后续合作的过程中，很容易出现沟通问题。

一场成功的面试，一定是由应聘者主导的；一场成功的融资会面，也一定是由创业者主导的。

三、展示实力，抢占优势地位

谈判不只是谈判桌上的面对面谈判，更多的是谈判桌外双方实力的博弈。聪明的创业者会用实力"说话"，吸引投资者加大"投注"。例如，某网络公司在需要资金进行市场扩张时，通过展示自己的实力占据谈判的主动权。当时该网络公司受到很多用户的欢迎，搜索量不断增长，用户使用频率越来越高，获得了媒体的广泛关注，因此，投资者看到了该网络公司的实力，对该网络公司很感兴趣。

第一次和投资者谈判时，两个创始人向红杉资本的合伙人表明了立场：他们计划融资 2 500 万美元，出让公司 20% 的股权，这次谈判的结果是：红杉资本的合伙人接受了他们的报价，投资 2 500 万美元，获得 20% 的股权。

后来，两个创始人又向另一家投资机构 KPCB（Kleiner Perkins Caufield & Byers，凯鹏华盈）发出邀约，这次谈判的结果是：KPCB 的老板与红杉资本的合伙人作出了同样的决定。最终谈判双赢：KPCB 老板在该公司上市后获得了巨额回报。

对于该网络公司的这两次谈判，一位作家评论道："所有迹象都表明，两位创始人做了一笔超级成功的生意。他们顺利拿到了发展所需要的资金。"

通过分析这个的案例，我们可以得知，投资者要在谈判中充分了解对方的实力。如果对方的实力足够强大，那么即使多给一些资金和资源也未尝不可。

四、选择合适的谈判时间和地点

在约定谈判时间方面，通常是投资者掌握主动权，由投资者提前通知创业者。如果确定好时间，但还没有确定地点，那么创业者可以主动和投资者联系。创业者可以这样说："时间没有问题，咱们应该在什么地点见面呢？是我去公司拜访您？还是您大驾光临我们公司呢？如果您想来我们公司，那么整个核心团队都会恭候。通过深入沟通和交流，相信您可以对我们公司有更全面的了解。"

给投资者一个正面回应，同时让投资者选择见面的地点，可以给投资者留下一个好印象。谈判地点不是特别重要，把主动权交给投资者未尝不可。当然，创业者也可以自己选择地点。例如，有些创业者会邀请投资者在办公室、会议室等正式场合见面。如果是早期项目，时间和地点的选择可以随意一些，如隐私性比较好的咖啡馆、小酒馆等。此外，也有些创业者选择和投资者在网球场、高尔夫球场见面。

无论在什么地点见面，最应该注意的就是迟到问题。对于创业者来说，按时赴约展现的是可信度和良好形象。如果双方之前已经约定好时间和地点，而创业者迟到很长时间，投资者会放心地投资吗？答案可想而知。迟到会影响声誉，创业者应该注意这一点。

五、掌握团队共同谈判的技巧

在与投资者谈判时，有的创业者会选择自己去，有的则会带上重要合伙人，这两种方式都可取。需要注意的是，如果创业者带上重要合伙人，以团队的形式出现在投资者面前，就要注意彼此之间的默契，防止给投资者留下不好的印象。

如果团队一起去见投资者，但团队成员在很多问题上没有达成一致意见，你一言，他一语，甚至争吵起来，这样会给投资者留下团队不团结的不良印象，影响投资者的投资决策。

在创业团队一起见投资者时，比较好的做法是，由一个人主说，其他人做补充，或者也可以分工协作，例如，CEO 负责介绍公司的战略、业务，CTO（Chief Testing Officer，首席测试官）负责介绍技术、产品，这样的配合就比较默契，有利于增强投资者对创业团队的信任。

11

TS 与协议签署：守好融资法律防线

当创业者与投资者就相关问题达成一致意见后，就可以考虑签署 TS（Term Sheet of Equity Investment，投资条款清单）和融资协议。为了降低风险，创业者有必要在签署前了解二者的法律效力、关键条款等重要事项，防止自己遭受不必要的损失。

第一节　TS概述

投资条款清单会对融资协议中的一些内容进行大致规定，但法律效力不如融资协议那么强。实践证明，如果创业者不懂投资条款清单相关知识，那么即使投资者在其中设了陷阱，创业者也很难察觉，从而可能为公司带来巨大损失。因此，如果创业者没有足够丰富的融资经验，就需要多了解这方面的知识，掌握一些审核投资条款清单的技巧。

一、什么是TS

投资条款清单也叫投资意向书，如果投资者愿意给创业者一份投资条款清单，就意味着他有投资意向。从投资者对项目产生兴趣到最终投资，投资条款清单发挥了承上启下的作用。投资条款清单能够在双方释放合作信号并确认合作后，初步搭建投资框架，使双方对核心条款建立共同认知，消除双方之间的信息差。

签署投资条款清单后，投资者会开始对公司进行深入调查，然后与创业者签署正式的投资协议。很多投资者不与创业者签署投资条款清单，而是直接开始调查和合同谈判，这种做法是有风险的，创业者应该尽量避免，从而更好地保护自身利益。

二、TS有什么法律效力

在投资条款清单中，商业条款通常不具备法律效力，原因如下：

（1）商业条款的严谨性比较强；

（2）开展尽职调查前，公司不需要充分披露信息；

（3）相关数据的准确性和真实性无法保证。

既然商业条款不具备法律效力，那么创业者应该如何保护自己的利益？这更多考验的是创业者的判断力和洞察力，该问题虽然没有标准答案，但以下措施可以将风险降到最低：

（1）不要急于求成地想解决"缺钱"的燃眉之急。如果创业者担心投资者"反水"或压价，那就"把丑话说在前面"，与其签署附加合同，并约定一定的违约惩罚。

（2）创业者应全面调查投资者的诚信记录，如果发现投资者曾有不良行为，要敢于舍弃，尽快寻找其他机会。创业者应明白，只要项目足够好，就不必担心找不到投资者。

（3）刚开始时，投资者可能会说一些大话，作出无谓的承诺，因此在签署投资条款清单前，创业者有必要将冗余信息过滤掉，以客观评估自己的核心需求。

与商业条款不同，保密性和排他性条款具备法律效力。签署投资条款清单后，投资者有不超过60天的排他期，以保证有充足的时间进行调查和准备最终的投资协议。

为了防止投资者随意提交投资条款清单以尽快进入排他期，创业者可以增加肯定性条款，确保自己在怀疑投资者正在进行重大改动或发现其缺乏诚意时，有权要求其给予肯定性书面答复，否则就提前终止排他期。

三、TS三大核心要素

投资条款清单通常包括三项核心要素，分别为估值条款、投资额度、交割条件。

1. 估值条款

估值条款是投资条款清单中必不可少的内容，该条款有两个关键点：

估值的计算；估值的分类，即对投前估值还是投后估值进行判断。

（1）估值的计算。估值是投资者和创业者都非常关注的内容，详细的计算方法在前文已经有详细介绍，这里不再赘述。

（2）对投前估值还是投后估值进行判断。在过去，投资者都是以投前估值为依据进行投资，但明确投前估值和投资者的出资额后，还可以计算投后估值，具体的公式为：投后估值＝投前估值＋投资者的出资额。例如，A 公司的投前估值为 2 000 万元，投资者的出资额为 500 万元，那么投后估值就是 2 500 万元。

2. 投资额度

在投资条款清单中，投资额度表明投资者投资的金额，一般来说，该投资金额取得的股权，以及这部分股权占稀释后总股权的比例都会有附带说明。此外，投资额度条款还可以规定投资者的投资方式，除了购买普通股外，还可以选择的方式有优先股、可转债等，即使是普通股，也很可能有限制条件，创业者应该注意。

3. 交割条件

交割条件是指当事人进行股权转让或资产过户等交割行为需要满足的前提条件。在双方签署了正式的投资协议后，如果投资条款清单中规定的交割条件没有满足，那么当事人不具有交割的义务，交割无法进行。

投资者在设置交割条件时，会考虑自己的风险承受能力和风险偏好等因素。如果投资者希望在短期内完成交易，且具有较高的风险承受能力，那么交割条件会相对简单，基本上只有相对重要的事项；如果投资者追求低风险，那么会设定较复杂的交割条件，而创业者执行起来也会相对困难。

现在包括天使投资在内的所有投资都逐渐走向正规化、机构化，随之而来的就是制定一套严格的内部流程。在这种大趋势中，如果创业者对专业的投融资知识不够了解，就必须好好补课，不断提升自己的综合能力。

第二节 融资协议十大关键条款

在签署融资协议时，缺少融资经验的创业者可能会被一些生僻、专业性强、晦涩难懂的条款所困扰，此时创业者一定不能不求甚解，因为其中可能隐藏漏洞和陷阱。聪明的创业者会想方设法了解这些条款，规避其中潜藏的风险，与投资者进行平等的交流。

一、分段投资条款

分段投资条款适用于只想分段为公司投资的投资者，此类投资者会先为公司提供当前阶段所需的资金，当项目运作情况良好，达到预期盈利目标后，后续资金才会进入公司的账户。如果公司没有达到预期盈利目标，投资者会调整下一阶段的投资额，甚至会放弃投资。

如果双方签署了分段投资条款，投资者会对公司的经营状况与潜力进行反复评估，并拥有放弃追加投资的权利与优先购买公司发行股票的权利，这是投资者监督公司经营情况、降低自身风险的一种非常不错的方式。

二、反摊薄条款

反摊薄条款也被称为反稀释条款，是融资协议中比较常见的一个条款，该条款可以保护投资者的利益，防止投资者因为融资轮次的增多而被边缘化甚至被踢出公司。此外，如果创业者借助信息优势让公司获得了高估值，那么该条款也可以平衡其与投资者之间的关系。

许多投资者都把反摊薄条款作为投资条件之一。例如，原始股东拥有公司 100 股股票，价值 100 万元，投资者 A 从原始股东处购买 50 股股票，价值 50 万元，占有公司 50% 的股权。假设公司计划向另一投资者 B 增发 50 股价值为 50 万元的股票，那么投资者 A 的持股比例就从 50% 降至 33.33%，这种情况即为比例摊薄。

但如果签署了反摊薄条款，投资者 A 的持股比例不会因为后续融资而降低，或者即使降低了也可以得到一定的补偿，从而保证其权利不受损害。

三、优先购买权条款

优先购买权是指投资者享有的在同等条件下优先购买股权的权利。在融资协议中加入优先购买权条款，可以让投资者维持一定的股权比例，从而保护投资者在公司的利益。一般来说，融资协议中关于优先购买权的规定主要有以下两种：

一是创业者为防止股权过于稀释，规定投资者按持股比例参与优先认购，这通常表述为——"如公司未来进行增资（向员工发行的期权和股权除外），投资者有权按其届时的持股比例购买该等股权。"

二是公司发生后续融资，投资者可以享有优先购买全部或部分股权的权利，投资者放弃购买的，创业者才能向第三方融资，这通常表述为——"公司上市之前，股权持有者尚未向其他股权或优先股的已有股东发出邀约，则不得处分或向第三方转让其股权。根据优先购股 / 承股权，其他股东有优先购买待售股权的权利。"

如果股东享受优先购买权但没有期限，那么很可能造成交易资源浪费并危及交易安全。对此，创业者在与投资者签署融资协议时，可以针对优先购买权设置合理的期限。

公司进行融资时涉及的法律问题颇多且比较棘手，股权转让及内部股东利益分配不均很容易导致公司陷入僵局，因此，创业者应当在融资前就考虑好相关事宜。

四、竞业禁止条款

竞业禁止条款是公司的核心人员，如高级管理者、董事、经理、技术人员等不得自行经营或与他人合作经营和公司同类的业务，该条款与股权锁定条款相似，目的都是对公司的核心人员进行约束，从而在一定程度上防止其自行创业或帮助公司的竞争对手。

例如，某公司的创始人 A 具有丰富的电商销售经验，在 A 轮融资中，公司成功获得 300 万元资金，融资双方签署了竞业禁止条款。但是，在公司发展过程中，创始人 A 与创始人 B 在公司经营方向上意见不合，投资者支持创始人 B 的意见。创始人 A 想脱离公司另行创业，但是他的这一想法受限于竞业禁止条款而无法实现。

创业者需要对这一条款有充分的认识，如果必须签署该条款，就应该提前做好准备，避免在后续公司发展过程中处于被动局面。

五、随售权与拖售权条款

在融资协议中，随售权与拖售权条款是十分常见的。如果这两个条款的内容不明确，就会给融资带来一些问题，甚至会导致融资失败，因此，创业者应充分了解这两个条款，为融资打下坚实基础。

1. 随售权 / 共同出售权（Tag-Along Rights）条款

如果公司控股股东拟将其全部或部分股权直接或间接地出让给任何第三方，投资者有权但无义务，在同等条件下，优先于控股股东或按其与控股股东之间的持股比例，将其持有的相应数量的股权出售给拟购买待售股权的第三方。

2. 拖售权 / 强制出售权（Drag-Along Rights）条款

如果在约定的期限内，公司的业绩达不到约定的要求或不能实现上市、挂牌、被并购的目标，或触发其他约定条件，投资者有权强制公司的控股股东按照投资者与第三方达成的转让价格和条件，和投资者共同向第三方转让股权。

六、回购条款

回购股权是投资者收益的关键，也是投资者收回投资的"利器"。投资者投资的主要目的是收益，为了在公司出现状况时"全身而退"，投资者会要求在融资协议中加入回购条款，以保护自己的利益不受损害。

通常情况下，当出现下列情况时，投资者会要求主要股东和现有股东部分或者全部回购其所持有的股权：

（1）公司主要股东将股权全部转让或者部分转让，而使投资者失去主要股东地位，或者不得不辞去董事长、总经理等职务；

（2）在规定时间内，公司实际净利润低于承诺净利润的70%，或者公司不能完成3年整体业绩目标；

（3）在投资者投资到公司首次公开发行股票期间，公司违反工商、税务、环保等相关法律法规并受到处罚，导致公司出现法律瑕疵而无法申报上市或申报时间延迟；

（4）资金到位后，在规定时间内，投资者不能通过上市或并购等方式退出；

（5）在投资者投资到公司首次公开发行股票期间，公司主营业务发生重大变更。

当以上情况出现时，股东就需要按照已经约定的价格对投资者的股权进行回购，以此保证投资者的利益。

七、保护性条款

保护性条款（Protective Provisions）是投资者为了保护自身利益而要

求在融资协议中加入的条款，该条款通常要求公司在执行可能损害投资者利益的决策前，要及时告知投资者，并获得投资者的批准，这样就相当于投资者拥有某些事项的否决权。

保护性条款的内容一般为"只要有任何优先股仍然发行在外流通，以下事件需要至少持有50%优先股的股东同意：修订、改变或废除公司注册证明或公司章程中的任何条款对优先股股东产生不利影响；变更法定普通股或优先股股本；设立或批准任何拥有高于或等同于优先股的权利、优先权或特许权的其他股权；批准任何合并、资产出售或其他公司重组或收购；回购或赎回公司任何普通股（不包括董事会批准的根据股权限制协议，在顾问、董事或员工终止服务时的回购）；宣布或支付给普通股或优先股股利；批准公司清算或解散"。

保护性条款是合理的，创业者不需要过于担心。大多数投资者都知道公司的成功依靠的是创业团队，即便他们拥有保护性条款，也不会否决那些对公司发展有利的重大决策。如果投资者要求的保护性条款内容过于苛刻，创业者可以与他们进一步沟通。

八、一票否决权条款

一票否决权条款又被称为重大事项否决权条款，可以保证投资者对公司（有时会包括其子公司）的重大事项及其决策拥有否决权。那么，创业者应当如何看待该条款呢？

首先，要了解一票否决权的范围。通常一票否决权的范围包括关于公司最重大事项的股东会决策和关于公司日常运营重大事项的董事会决策两类，具体见表11-1。

表 11-1　一票否决权的范围

项　目	具体内容
关于公司最重大事项的股东会决策	融资导致的股权架构变化 公司合并、分立或解散 涉及股东利益分配的董事会及分红 股东会决策涉及章程变更等
关于公司日常运营重大事项的董事会决策	终止或变更公司主要业务 高层管理人员的任命与免职 对外投资等预算外交易 非常规借贷或发债 子公司股权或权益处置等

从整体上来看，股东会决策的范围仅限于涉及股东权益的最重大事项，而董事会决策的范围则涵盖了日常运营中的各种事项。

其次，要针对一票否决权和投资者进行谈判。创业者可以接受投资者的一票否决权，但要限定投资者在特定事项上使用。

例如，当公司以不低于特定估值的价格被收购时，投资者不可以使用一票否决权，避免投资者对回报期望太高，阻止收购。创业者甚至可以将一票否决权的范围限制在对投资者利益有重大损害的事项上。

投资者能否拥有一票否决权，和投资金额以及股权比例有关。如果是种子轮和天使轮较小额度的融资，投资者一般不会要求一票否决权，因为投资金额和股权比例比较小，投资者坚持用一票否决权来保护自己是不合常理的。

如果是 A 轮及后续轮次的融资，大多数投资者都会坚持要求自己拥有一票否决权，由于投资金额和股权比例比较大，这一要求也是合理的。

创业者还可以要求一票否决权的行使需要过半数以上的投资者同意，这一约束措施可以防止单个投资者为了谋取个人利益而使用一票否决权。半数以上的投资者联合起来使用一票否决权，符合少数服从多数的公平理念。

九、土豆条款

有些创业者在融资前可能已经迈入婚姻殿堂，其婚姻关系与其人身利益和财产利益息息相关，也很容易对公司的发展和股权架构的稳定产生影响，因此，为了防止创业者婚姻出现问题而引发股权纠纷，一些投资者便提出一些特色条款，"土豆条款"就是其中之一。

如果投资者担心目标公司创始人与配偶的婚姻关系不稳定，存在婚姻破裂风险，会对公司上市产生影响，那么就可以要求在合同中增加"土豆条款"（创始人承诺婚姻可持续，有时会要求创始人的配偶签署承诺函，保证自己不就股权提出任何主张）。

十、估值调整条款

估值调整条款（Valuation Adjustment Mechanism）其实就是对赌条款，该条款的逻辑在于，投资者和创业者之间存在信息不对称的问题，为了避免自己"看走眼"，投资者会要求享有调整估值的权利。

在融资协议中，与估值调整相关的条款包括但不限于以下内容。

1. 现金补偿或股权补偿

若公司的实际经营指标低于承诺的经营指标，则控股股东应给予投资者现金补偿或以等额的股权给予投资者股权补偿。应补偿现金＝（1－年度实际经营指标÷年度保证经营指标）×投资者的实际投资金额－投资者持有股权期间已获得的现金分红和现金补偿。

但是，股权补偿机制可能导致标的公司的股权发生变化，影响股权的稳定性，在上市审核中不易被监管机关认可。

2. 回购请求权

回购请求权（Redemption Option）是指，如果在约定期限内，公司的业绩达不到约定要求或不能实现上市、挂牌、被并购目标，投资者有权要求控股股东和其他股东购买其持有的股权，以实现退出；也可以约定溢价购买股权，溢价部分用于弥补资金成本或基础收益。

如果投资者与公司签署该条款，那么当触发回购义务时，将涉及减少标的公司的注册资本，操作程序较复杂，不建议采用。此外，投资者与股东签署的条款是各方处分其各自财产的行为，应当认定为有效。但投资者与公司签署的条款则涉及处分公司的财产，可能损害其他股东、债权人的利益，或导致股权不稳定和潜在争议，则应该认定为无效。

第三节　如何低风险签署融资协议

在融资实践中，投资者通常掌握着拟定融资协议等交易文件具体内容的主导权，而创业者出于迫切的融资需求，经常在对其中的内容一知半解、对重要条款不明就里的情况下仓促签署融资协议，这种做法有很大隐患，本节将围绕融资协议中的风险进行解释说明。

一、不要只关注估值情况

首先我们看一个故事，这个故事会告诉我们为什么融资条款比公司的高估值更重要。

李某创办了一家在智能家居领域极具突破性的公司，并成功吸引了一家科技巨头的注意。双方接触后，这家科技巨头给出的估值是 2 亿元，计划投资 5 000 万元，占股 25%。李某非常高兴，2 亿元的估值可以使公司成为明星创业公司。

但科技巨头作为投资者要求自己必须享有优先清算权，以便在公司出状况时可以保护自身的利益。为了顺利获得融资，李某答应了对方的要求。

但公司后续的发展不是那么顺利。公司大范围地投放广告，但转化率很低，而且从用户数量上看，公司的估值仅有 5 000 万元。公司估值过高的消息不胫而走，员工失去了工作的积极性。

另外，几名核心管理者因为对股权架构和投资者享有优先清算权不满而选择离职，此时，李某意识到问题的严重性，但以公司现在的状况，他筹不到钱。于是，投资者决定撤掉李某，找了一位临时 CEO 掌控大局。

临时 CEO 建议借债维持运营，以期待公司发展状况有所好转，然而，每个月租金、产品原材料、员工工资就要消耗 200 万元，公司现金流非常紧张，没有银行愿意给公司提供贷款。幸运的是，一家上市公司愿意出资 5 000 万元收购这家公司。

这个估值虽然远远低于之前的 2 亿元，但依然是一个可观的数字。公司需要优先向投资者支付一笔巨额资金，同时还需要支付律师费用和银行服务费用等，这些优先支付的资金已经超过了收购费用。最后，李某落得个净身出户的结局，辛苦创建的公司就这样拱手让人了。

上述案例告诉大家，创业者应当关注融资条款，而不要只看估值。创业者可以请投融资方面的专业律师帮忙审核融资协议，以得到对自己更有利的建议。

二、出现私人财产担保，必须警惕

私人财产担保风险很高，有些创业者为了吸引投资者，让自己的亲属为融资进行私人财产担保，结果导致自己和亲属都遭受了巨大损失。下面的案例，介绍私人财产担保背后的大"坑"。

张某于 2022 年 6 月获得了 8 000 万美元的投资，但投资者要求在融资协议中加入财产担保条款，即创始人及其直系家庭成员以个人名义和财产为此次融资担保。张某不知道这样的条款是否合理，所以一直没有签署融资协议，投资者的资金也就迟迟没有到账。

实际上，对于张某这样的早期创业者来说，财产担保条款是一个大"坑"，稍有不慎就会掉进去。公司刚刚成立，市场风险非常大，一旦经营不善，投资者的资金就打了水漂，但如果有财产担保条款，投资者就可以向张某索要赔偿，以弥补自己的损失。如果公司倒闭，张某的所有辛苦和努力都会化为泡影，再加上投资者的债务，他可能难以承受。

因此，对于财产担保条款，创业者应该尽力避免。不是所有投资者都会要求财产担保条款，但是创业者还是要提高警惕，以防自己陷入困境。

在成功获得融资前，创业者可以聘请一位专业且经验丰富的律师，帮助自己发现融资协议中不合理的条款。

三、会签条款有很大危害

会签条款是指当创业者花费的资金大于一定比例时，就必须由双方共同会签，融资协议才能生效。对于创业者来说，会签条款有百害而无一利，必须提高警惕。会签条款往往非常隐蔽，创业者如果不仔细察看，很可能无法发现。即使创业者注意到了，有的投资者也会以财务流程把控为由搪塞过去。

投资者需要知道资金的具体流向，这个理由看上去非常充分，实际上会束缚创业者。虽然创业者在董事会有较大话语权，但是如果投资者与创业者出现不同意见，创业者不能随意动用资金。例如，2023年1月，某电商公司获得2 000万美元的资金，在花费450万美元后，创始人与投资者产生了严重的分歧。在召开董事会时，虽然股东同意创始人的想法，但因为融资协议中有会签条款，所以投资者有不签字的权利。

这就意味着，在资金的具体使用上，投资者占有绝对的主导地位。最后，这家电商公司虽然成功融资2 000万美元，实际上只使用450万美元投资者便撤资了。

创业者在与投资者签署融资协议时，一定要警惕会签条款，一旦发现"资金大于一定比例""花费过多"等表述，必须认真阅读、精准判断。

四、不要给投资者拖延的机会

故意拖延、拉低估值是投资者经常使用的招数，这类投资者在与创业者接触时，显得平易近人，对项目的投资热情非常高，甚至会要求立即签署投资条款清单，此时投资者在股权分配、估值等方面表现得非常宽容，基本可以满足创业者的各种要求。

然而，在签署投资条款清单时，投资者会要求签署时间尽可能长的排他条款。创业者一旦签署了此条款，就变得很被动。投资者最初只是拖延时间，以资金周转不灵或者其他借口敷衍创业者。总之，投资者会显露出可能无法投资的迹象，但又没有明确表明自己拒绝投资。

一段时间后，创业者会焦躁不安，因为资金已经无法支撑公司接下来的运营了，投资者则会趁机拉低估值。创业者此时别无选择，只能忍痛答应投资者的不合理要求。例如，创业者周先生曾经拿到了某风险投资者的投资条款清单。由于投资者非常热情，周先生禁不住劝说，签署了带有排他条款的投资条款清单，同时拒绝了其他投资者的投资条款清单。

在签署投资条款清单前，投资圈的一位知名人士提醒周先生要小心，然而，他并没有将这位知名人士的话放在心上，以为这是抢项目的手段。接下来的一个月，他见识到了投资圈的另一面。

第一天，投资者告诉周先生，如果估值和融资金额都降低20%，他们就立即打款。周先生和他的团队考虑后觉得已经没有退路，便答应了投资者的条件。第二天，投资者又对周先生说，他们重新商量了一下，认为公司的价值没有那么高，估值和融资金额需要再降低20%。周先生非常生气，但也没有别的办法，又答应了投资者的条件。第三天，同样的事情继续上演。直到第五天，周先生无奈签下了对自己很不利的投资协议。

周先生遇到的投资者是利用拖延策略拉低估值，还有一种投资者会在交谈时不断贬低项目从而让创业者对项目丧失信心，最终达到压低估值的目的。有些创业者没能承受住投资者的忽悠，接受了不合理的低估值，用非常多的股权换来非常少的融资，最终后悔莫及。

贬低项目和拖延时间都是投资者压低估值的手段，很可能会让创业者损失惨重，因此，创业者要有所防范，避免掉进投资者精心设计的陷阱中。

12

再融资方案：融资可持续才是王道

在现金流当道的时代，融资需要具有持续性。即使公司刚完成天使轮融资，引入下一轮投资还需要一段时间，创业者也必须未雨绸缪，提前做好充分准备，这就要求创业者制定完善的再融资方案，实现融资的可持续。

第一节　与投资者搞好关系

如果投资者与创业者的关系不好、对创业者没有很高的认可度，那么很大概率不会投资。创业者需要吸引投资者的注意，和投资者建立良好关系，为融资和再融资做铺垫。

一、保持联系，定期与投资者交流

有些创业者碍于面子，在与投资者见面后就单方面等待投资者联系自己，认为投资者不联系自己是对项目没有兴趣。事实并非如此，因为投资者很忙。在见面后，创业者应该发一封简短的感谢邮件给投资者。

在联系投资者的过程中，创业者应该注意分寸，即在持续的联系与打扰之间保持一种微妙的平衡。随着融资经验越来越丰富，创业者会逐渐达到这种平衡，但要注意始终不能越界，否则很可能会使投资者厌烦。

当创业者达成所愿再次与投资者见面时，不妨微笑着对投资者说："非常抱歉，我总是催促您与我见面，但我想您一定更愿意投资一家像我们这样去争取投资的公司，对吧？"与投资者联系但保持分寸是人与人之间相处的艺术，创业者需要在生活中锻炼这种能力。

二、让投资者享受极致的归属感

心理学家曾对归属感问题进行大量研究，结果发现：那些缺乏归属感的人会对生活、工作、社交等方面缺乏激情。如果投资者在投资后能够获得归属感，就会更重视自己在项目上的投资，并付出更多。

那么，创业者应该如何为投资者打造归属感呢？方法如图 12-1 所示。

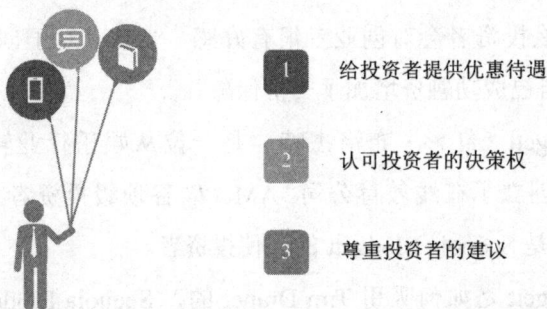

图12-1 为投资者打造归属感的三种方法

第一，给投资者提供优惠待遇。当投资者作为公司的消费者时，创业者应当从价格和服务上让投资者享受优惠待遇。例如，创业者可以让投资者享受最高等级的 VIP 特权。

第二，认可投资者的决策权。在投资者作为股东行使其应有的决策权时，创业者不能过多干预，而要给予认可。在公司发展过程中，为了提高效率，创业者往往不会所有决策都与投资者商议，但创业者不能因此忽略了投资者参与决策的权利。

第三，尊重投资者的建议。对于投资者提出的建议，创业者需要逐项记录并适时作出回应，但创业者不需要听从投资者提出的所有建议，对于那些不便采纳的建议，创业者必须给出详细的解释，否则投资者会认为自己的一腔热情付诸东流，逐渐丧失提出建议的热情。

当投资者在所投资的公司里感受到爱和归属感后，其对项目的参与热情也会得到提升。有的投资者甚至会将创业者当成朋友，在创业者遇到困难时为其提供各种支持和帮助。

三、必要时，主动帮助投资者

如果生活是一场旅行，那么投资则是一场探险，中途会有各种各样的突发情况，让投资者应接不暇。如果创业者看到了投资者的问题，并帮助他解决问题，那么投资者会对创业者很有好感。当然，对于创业者来说，这样也相当于为自己成功融资增加了一份保障。

Sequoia Blodgett（红杉·布洛杰特）是一位从娱乐行业转行到科技行业的创业者，创立了在线教育公司 7AM。硅谷顶级投资者 Tim Draper（蒂姆·德雷伯）是 Sequoia Blodgett 的天使投资者。

Sequoia Blodgett 是如何吸引 Tim Draper 的？Sequoia Blodgett 本来是音乐、娱乐领域的工作者，由于生了一场大病，无法继续原来的工作，于是决定创业。

在得知 Tim Draper 发起创业指导项目"英雄学院"之后，Sequoia Blodgett 非常想进入学院学习创业课程，因为 Sequoia Blodgett 知道，这一课程肯定有利于自己创业。然而，英雄学院的学费非常高，7 周的课程需要近 1 万美元，因为支付不起昂贵的学费，所以 Sequoia Blodgett 想出通过众筹筹集学费的方法。

Sequoia Blodgett 打电话给朋友和曾经的同事，希望得到他们的帮助。一个朋友告诉她，某个电台节目负责人正在做一档火爆的电台节目，她可以上节目筹资。于是 Sequoia Blodgett 想到了一个方法，只要自己和一个英雄学院的学员一起出现在这个节目上，不仅可以为自己众筹学费，还能帮助英雄学院提升知名度。

令 Sequoia Blodgett 意想不到的是，英雄学院的创始人 Tim Draper 居然找到自己，提出要与她一起上节目。在此之前，Sequoia Blodgett 根本没有见过 Tim Draper。

两周后，Sequoia Blodgett 和 Tim Draper 在那家电台完成了一期非常成功的节目，Sequoia Blodgett 和 Tim Draper 的关系也因此亲近了很多。随后她成功进入英雄学院学习创业课程，并且拿到了 Tim Draper 的投资。

Sequoia Blodgett 认为，自己之所以能够拿到 Tim Draper 的投资，是因为自己提供了一些东西，而这些东西可以帮助 Tim Draper。Sequoia Blodgett 称："如果想获得投资，有时仅有商业计划书是不够的，大家还需要想想，自己能为投资者带去什么额外价值。在这个基础上，创业者再去认识投资者，整个融资过程就会容易得多。"

Sequoia Blodgett 的案例告诉大家，创业者可以了解投资者当前是否遇到一些麻烦或者自己是否可以提供一些帮助。总之，为投资者提供一些必要的帮助是创业者和投资者建立良好关系的方法，也是创业者顺利获得投资的重要途径。

第二节　如何充分利用投资者的价值

融资不是"一锤子买卖"，有些创业者获得投资之后，就不再和投资者联系，这种做法是错误的。实际上，除了钱，投资者还可以为创业者提供其他很有价值的资源。例如，投资者可以为后续融资背书，或者与创业者一起探讨后续融资方案。

一、邀请投资者为后续融资背书

有些创业者为了增强项目对投资者的吸引力，通常会借用投资者的信誉，使投资者在无形中产生背书效应。通过背书效应，创业者可以与投资者建立一种可持续、可信任的强关联。背书效应效果很好，创业者可以尽量使其发挥作用。

一些企业家有突出的创新精神和领导力，在投融资界有良好的个人形象，如 IBM（International Business Machines Corporation，国际商业机器公司）的郭士纳、微软的比尔·盖茨、GE（General Electric Company，通用电气公司）的杰克·韦尔奇、格力的董明珠、海尔的张瑞敏等，他们通过商业或者慈善场合，与同仁分享成功经验和失败教训，有极强的影响力。如果公司获得过他们的投资，就相当于有了他们的背书，之后就更容易得到其他投资者的信任。

还有一种企业家，让自己的个人形象朝娱乐化的方向发展，他们在一定程度上已经成为品牌代言人。

背书效应的本质是投资者可以提供资源、技术、品牌等方面的信任感，让公司展现出独特价值，从而获得其他投资者的青睐，因此，如果公司与高威望、高价值的投资者合作过，那就一定要在融资过程中展示出来。

二、让投资者引荐下轮投资者

如果投资者不仅给创业者带来资金，还提高了下轮融资的成功率，甚至主动帮创业者找其他投资者，就是一位非常优质的投资者。

对于公司，尤其是初创公司来说，资金之外的技术、人才等方面的资源支持也非常重要，这些资源既有助于项目的长久发展，也能在很大程度上提升投资回报率。

例如，雷军与凡客诚品创始人陈年的友谊在投融资圈里被传为佳话。在陈年创业困难时，雷军曾经多次挺身而出，为其出谋划策，帮其渡过难关。而且，雷军还把联创公司创始人冯波和 IDG（International Data Group，国际数据集团）公司合伙人林栋梁引荐给陈年，让陈年找他们为凡客诚品融资。

后来，雷军又将小米公司成功的方法传授给陈年。在雷军的帮助下，陈年重新找到了方向，致力于打造衬衣品牌。为了转型成功，凡客诚品已经进行了多轮融资，其中最坚定的支持者就是雷军。在雷军的领投下，软银赛富、IDG、联创策源、淡马锡、启明资本、中信资本、和通等投资者 /

机构均参与了凡客诚品的融资。

上述案例告诉大家，优秀的投资者应该像雷军这样，不仅可以拿出资金帮助创业者，还可以为创业者引荐其他投资者，最重要的是在创业者遇到困难时不离不弃，帮助其走出困境。

三、组织会面，探讨后续融资方案

随着业务体系不断完善，公司的发展状况会发生变化，而且从本轮融资到下一轮融资还需要一段时间，所以创业者可以与现有投资者共同探讨，一起为下一轮融资制定一份合适的融资方案。一般当公司银行账户里的资金只能支撑公司 18 个月的运营时，创业者就应该制定融资方案，并及时启动下一轮融资。

如果创业者在创立公司时就已经制定好融资方案，就再好不过了。例如，规划好当公司的运营状况达到某一层级时启动哪一轮融资；投资者需要满足哪些条件，为公司提供哪些增值服务等。这样可以避免公司缺钱时融资无门，对公司发展造成负面影响。

需要注意的是，对于天使投资者推荐的 A 轮投资者，创业者要谨慎一些，因为 A 轮融资大多是机构型投资者参与，天使投资者对这些机构可能没有那么了解。但是，对于天使投资者推荐的 Pre-A 轮投资者，创业者可以认真考虑。

四、陈欧与徐小平的"不解之缘"

2014 年，年仅 31 岁的陈欧在纽交所敲钟，其创立的聚美优品顺利上市，市值超过 38 亿美元。与此同时，以 18 万美元入股聚美优品、获得 10% 股权的徐小平，获得了几乎千倍的回报。

陈欧和徐小平是如何相识并相互欣赏的呢？

陈欧是在朋友的引荐下认识徐小平的。在陈欧为游戏对战平台 Garena

寻找投资者时，他的斯坦福大学校友、兰亭集势创始人郭去疾把徐小平引荐给他。见到陈欧后，徐小平立即决定为 Garena 投资 50 万美元，持股 10%。不过，当时因为学业问题，陈欧并没有拿徐小平的投资，此次融资也就不了了之。

两年后，陈欧留学归来，又一次遇到徐小平。在陈欧简单介绍了自己的游戏广告项目后，徐小平没有任何疑问，就向陈欧投资了 18 万美元，甚至将自己在北京市海淀区的一套房子低价租给陈欧作为办公场地。

随着市场的变革与创新，陈欧发现在线上售卖化妆品是一个不错的发展方向，而且这一赛道还未出现权威性的公司。于是，陈欧在做游戏广告项目的同时，上线了团美网（聚美优品的前身）。团美网凭借正品、平价的优势，通过口碑相传，在短期内迅速发展，而后更名为聚美优品。

随后，在徐小平的支持下，陈欧停掉之前的游戏广告项目，专注于聚美优品的发展。陈欧借助朋友的引荐找到投资者徐小平是极其幸运的。如果没有徐小平，陈欧可能不会取得如此亮眼的成绩，也可能不会有聚美优品。

如果创业者正在寻找投资者，就应该尽可能将这一信息传播到社交圈里。无论是创业者的家人、朋友还是同事，都有可能为创业者引荐投资者。

第三节　再融资需要新战略

与首次融资相比，再融资的门槛更高。为了顺利完成再融资，创业者通常会制定一些新的战略，如多元化经营战略、收购战略、"巨人肩上"战略等，这些战略符合时代发展潮流，可以引领公司实现进一步成长。

一、新战略之一：多元化经营战略

很多公司为了顺应时代潮流，在激烈的市场竞争中占据优势，往往会实行多元化经营战略，这种战略离不开资金和资源的支持，同时，创业者要掌握实施这种战略的关键点，尽自己所能让公司发展得更好。

第一，创业者要完善与巩固主营业务。

创业者首先应将熟悉和擅长的主营业务做好，追求最大的市场占有率和经济效益，在此基础上兼顾多元化经营。国内外公司的扩张实践证明，那些进行多元化经营、不断拓展业务，但依然以主营业务为主的公司能够取得更好的成绩。

第二，创业者要巧妙利用协同效应。

协同效应是指公司在实施多元化经营战略的过程中，不同的经营环节、经营阶段都使用相同的资源，如原材料、技术、设备、信息、人才、市场、管理等，最终产生整体效应。

第三，多元化经营不能盲目。

多元化经营失败的案例比较多，很多公司崩盘都被业内人士当作反面教材。多元化经营本身没有问题，但不顾自身实际情况，盲目追求多元化经营，试图过度多元化，就有可能给公司带来毁灭性打击。创业者在决定是否增加品类、实行多元化经营战略时，需要考虑先做大还是先做强，这个问题影响着多元化经营的成败。

公司就好像一个庞大的生态系统，采购、生产、仓储、物流、销售等环节构成了一个循环链。公司经营的产品越多，越不容易管控，还会占用更多资源，且无法保证产品品质，因此，创业者不能片面地认为多元化经营只有好处。

二、新战略之二：收购战略

著名经济学家乔治·斯蒂格勒说过："通过并购其他竞争对手成为巨型

公司是现代公司成长的规律。"对于资金实力雄厚的巨头来说，收购战略是实现扩张与提升市场占有率的一种战略，其优势如图 12-2 所示。

1 迅速扩大公司规模

2 优化资源配置

3 提升市场占有率

4 增强核心竞争力

图12-2　收购战略的优势

1999 年初，阿里巴巴的创始团队筹集了 50 万元，在杭州创建了公司，该团队里不乏优秀人才，例如，阿里巴巴首席财务官蔡崇信就非常有能力，他曾任一家投资公司中国区副总裁，年薪 75 万美元。

创建之初，阿里巴巴的规模非常小，但实力不容小觑。一段时间后，阿里巴巴的资金枯竭，创始团队便开始频繁接触投资者，但他们依然坚持宁缺毋滥的原则。对此，阿里巴巴方面表示，他们希望阿里巴巴的投资者不仅为阿里巴巴提供资金，还能够提供更多资源。

然后，蔡崇信作为引荐人，让团队得以与高盛等投资银行接触。以高盛为主的一批投资银行决定向阿里巴巴投资 500 万美元，这笔天使投资让阿里巴巴暂时渡过了难关。随后，更多投资者注意到阿里巴巴。

2004 年，阿里巴巴成为行业龙头，并获得软银的 8 000 多万美元资金。人们以为阿里巴巴会上市，但其团队认为上市的最佳时机尚未到来，他们将完善阿里巴巴、提高客户服务水平作为工作的重点，因为这些工作比上市更迫切。

2005 年，阿里巴巴收购雅虎中国，同时获得雅虎 10 亿美元投资。人们认为阿里巴巴收购雅虎中国的目的是为上市做准备，然而，阿里巴巴再一次否定了人们的猜测。阿里巴巴想成为一个百年的大公司，而当时还比较"年轻"，如果贸然上市，可能会付出代价。

此外，阿里巴巴还考虑当时业务不够成熟，还有很广阔的发展空间，而且还存在一定的危机和挑战。

2006 年，阿里巴巴花费近 600 万美元收购了口碑网。

2007 年，阿里巴巴的市场占有率越来越大，信息流、物流、资金流都有了很大发展。为了在电子商务领域获得长远发展，阿里巴巴决定上市，此次上市也拉开了阿里巴巴在全球范围内扩张的序幕，进一步巩固了其产业链。

2009 年，阿里巴巴花费 5.4 亿元收购中国万网 85% 的服务。自此，阿里巴巴开始涉足域名、主机服务、网站建设、网络营销等领域。

2010 年，阿里巴巴收购汇通快递 70% 的股权，正式涉足物流领域。

2012 年，阿里巴巴投资美团网和丁丁网。

2013 年，阿里巴巴收购虾米网、新浪微博 18% 的股权，以及天弘基金 51% 的股权。

2014 年，阿里巴巴收购中信 54.33% 的股权，同时全面收购高德。

2018 年，阿里巴巴全资收购嵌入式 CPU IP Core 公司中天微，之后还以 95 亿元的价格收购了饿了么。

2019 年，阿里巴巴收购以色列增强现实技术公司 Infinity AR 以及英国跨境支付公司 World First（万里汇）。

2020 年，阿里巴巴收购 SaaS 服务提供商客如云，以及第三方电商物流公司心怡科技。

2021 年，阿里巴巴收购智慧餐饮服务商美味不用等。

阿里巴巴在发展过程中不断采取收购战略，漫长的扩张道路使阿里巴巴成为我国规模较大的电商公司。

三、新战略之三："巨人肩上"战略

实力还没有那么强大的公司如何在短时间内与巨头竞争并成功上市？拼多多给出一个可供借鉴的答案。

从 2015 年 9 月创立到上市，拼多多只用了短短 34 个月的时间。目前，拼多多已经成为阿里巴巴与京东之外市值最高的第三大电商平台。那么，拼多多凭借什么快速汇聚 3 亿多用户和百万卖家，实现数千亿元的产品交易规模和数百亿美元的资本估值，成为一家与阿里巴巴、京东等巨头并驾齐驱的公司？

原因不仅在于黄峥拥有令投资者赞赏的低调、谦逊、自律、本分、淡泊名利等优秀特质，更在于拼多多采取的独特的"巨人肩上"战略。

1. "巨人肩上"获得资本

拼多多创建之初的投资来源于互联网巨头网易的创始人丁磊。丁磊不仅为黄峥投资了初期资金，还为黄峥引荐了投资者段永平。拼多多的一位核心的早期投资者就是段永平，他是 OPPO（OPPO 广东移动通信有限公司）、vivo（维沃移动通信有限公司）以及小霸王游戏机的创始人。

段永平不仅具有顶级的战略眼光，还有着顶级的资源。在没使用拼多多之前，段永平就引荐黄峥跟着巴菲特一起吃午餐。段永平曾经评价黄峥："我还没用过拼多多，但我对黄峥有很高的信任度。给他 10 年时间，大家会看到他厉害的地方。"像段永平这种给予创业者资金、人际资源、信任的投资者很难得。

还有很多强大的投资机构也在背后支持拼多多和黄峥。例如，高瓴资本的张震曾经用 15 分钟的时间便敲定对拼多多的巨额投资。张震在接受媒体采访时表示："我们的原则就是坚定地信任黄峥。"

拼多多如火箭一样的上市速度，其宝贵的"燃料"就是"巨人"给予的资金、资源、人际等支持。拼多多是站在"巨人肩上"实现快速发展的。

2. "巨人肩上"获得流量基础

拼多多所在的电商市场竞争非常激烈，它是如何成立不到 3 年就迅速打开市场，颠覆电商行业的格局呢？其中一个重要原因就是拼多多站在了最合适的"巨人肩上"——腾讯。

腾讯是拼多多第二大股东，持股比例高达 18.5%。腾讯不仅给予拼多多巨大的资金支持，同时还给予拼多多流量、技术、支付方式等宝贵的发展资源。拼多多发展模式的本质是"社交＋拼团"，其社交模式基于微信提供的流量入口、庞大的流量池，其拼团模式所需的支付工具微信也可以提供。拼多多借助腾讯的流量，吸引更多的人加入网购，通过拼手气、砍价等玩法吸引消费者将活动分享至微信群、朋友圈。

3. "巨人肩上"创新商业模式

黄峥曾经在给股东写的信中说："拼多多建立并推广了全新的购物理念和体验——'拼'。拼多多做的永远是匹配，将好的东西以优惠的价格匹配给适合的人。"

"拼"的确是拼多多最具创新的商业模式，但是这个模式也是站在"巨人肩上"发展起来的。"拼"既是拼团也是拼价，拼团建立在成熟的社交商业模式基础上，如腾讯的微信社交；拼价建立在成熟的电商模式基础上，如顺丰的物流、相对成熟的电商政策以及我国强大的制造业。

事实上，黄峥的战略不仅是站在"巨人肩上"，他还通过不断创新学习借鉴"巨人"的成熟商业模式。例如，实现差异化、个性化；推崇今日头条的信息流模式，认为拼多多就是将今日头条的信息流换成产品流。

另外，黄峥非常清晰地看到了实现商业模式的用户"土壤"，并一再强调："平心而论，做拼多多这个东西一大半靠运气，不是靠一个团队单纯的努力与经验就能搞出来的，这源于深层次的底层力量推动。我们是上面开花的人，你做什么就会有爆炸式的增长，这是大势推动的，单凭个人和一个小团队的力量是绝对做不到的。"拼多多的核心目标群体是中小城市、县城、乡镇与农村的数亿人口，它创造性地采用"拼"这个有趣的互动方式吸引消费者拼团、砍价，让消费者能够购买到极具性价比的产品。

通过对拼多多快速上市的原因进行分析，我们可以看到拼多多的成功有必然性。拼多多站在"巨人肩上"获得资金、流量、商业模式以及巨量受众的战略，值得初创公司和创业者借鉴。